BÄRBEL OFTRING

Ein Garten für Tiere

GESTALTEN | PFLANZEN | PFLEGEN

scannen & erleben

KOSMOS

INHALT

SCANNEN & ERLEBEN

QR-Codes im Buch scannen: Der schnelle Zugang zu weiteren Infos rund um Ihren Garten. Mit diesem Code oder unter www.m.kosmos.de/13456/t1 gelangen Sie zur Übersicht der QR-Codes. Wir empfehlen Ihnen, eine WLAN-Verbindung zu nutzen, um lange Ladezeiten zu vermeiden.

GESTALTUNG

natürlich & kreativ

GESTALTUNG

INSPIRATIONEN & IDEEN

S. 8

Mehr Tiere in meinem Garten!

Balance heißt das Zauberwort für Gesundheit, auch in Ihrem Garten.

Sorgen Sie durch die richtige Wahl von Pflanzen und Gartenstrukturen für eine Vielfalt an Lebensräumen. Dann stellt sich ein reichhaltiges Tierleben ein, Schädlingsmassen haben keine Chance und gleichzeitig kommt Freude auf – wenn Vögel im Gebüsch ihr Lied singen, wenn Libellen um den Gartenteich schwirren, wenn Igel schmatzend umherziehen.

S. 10

Lebendige Hecken

Sträucher bieten uns Sichtschutz, verzaubern uns mit ihren Blüten und im Herbst spenden sie feine Wildfrüchte – und zwar nicht nur uns, auch vielen Tieren. Damit sich möglichst viele im Garten wohlfühlen, wählen Sie unterschiedliche Arten aus der großen Palette an Sträuchern. Frühblüher sollten ebenso dabei sein wie fruchttragende und winterdichte Gehölze. Angst vor dem Herbstlaub? Einfach unter den Sträuchern liegen lassen.

S. 12

alle LIEBEN SCHMETTERLINGE, DIE GAUKLER DER LÜFTE, DIE VON BLÜTEN ANGELOCKT WERDEN.

S. 16

S. 20

Grünflächen – betreten erwünscht!

Trittfestes Grün gehört einfach in den Garten. Das muss aber kein monotoner Rasen sein, wo es doch so viele andere Möglichkeiten gibt: Sie reichen von kleinen Kräuterteppichen und farbenfrohen Blumeninseln, die im gemähten Rasen stehen bleiben, bis hin zu üppigen Wildblumenwiesen, in denen ein reiches Insektenleben herrscht. Lassen Sie sich inspirieren – so finden Sie die optimale Gestaltung für Ihren Garten.

Ein Platz für Wildnis ...

... den sollten Sie in Ihrem Garten gestalten. Dort locken beste Sommer- und Winterquartiere in Holz- und Natursteinhaufen große und kleine Tiere an. Ein Stück offener Boden wird zum Treffpunkt von Vögeln und Schmetterlingen – und der Komposthaufen ist ein Gütezeichen für Nachhaltigkeit, entsteht dort doch aus den eigenen Garten- und Küchenabfällen wertvolle Pflanzennahrung im geschlossenen Kreislauf.

S. 24

Anziehungsort Wasser

Es gibt kaum einen Ort im Garten, an dem Sie so viele Tiere beobachten und gleichzeitig genussvoll entspannen können, wie am Gartenteich. Wo der Platz für einen Teich fehlt, bieten sich Miniwassergärten in Wannen & Co. an.

Garten in Balance Regionale Wildpflanzen und Gärten nach dem Vorbild der Natur locken reichhaltiges Tierleben an.

Mehr Gärten FÜR
PFLANZEN UND TIERE

IM GRAS AUSRUHEN, mit den Kindern spielen, Obst, Gemüse und Kräuter ernten, mit Freunden feiern, die Natur erleben – das und noch viel mehr ermöglicht Ihnen Ihr Garten. Wie ein grünes Außenzimmer verbindet der Garten Ihr Haus mit den Gärten der Nachbarschaft, mit der Straße und mit der umgebenden Natur. So ergibt sich ein buntes baum-, strauch- und blumenreiches Mosaik, das sich durch die Gemeinden und Städte zieht und die Natur auf der einen Seite der Siedlung mit der auf der anderen Seite verbindet. Etwa die Hälfte der Siedlungsflächen, die 6,7 Prozent der Landesfläche Deutschlands einnehmen, ist nicht bebaut – einen nicht unbedeutenden Teil davon nehmen Gärten ein. 15 Millionen Freizeitgärtner kümmern sich um diese Flächen.

Natur ist willkommen

Das grüne Netzwerk aus Gärten hat eine große Bedeutung für die heimischen Pflanzen und Tiere, denn ein Garten ist niemals isoliert. Trotz Zäunen und Grenzen herrscht im Garten ein reger Durchgangsverkehr, im und auf dem Boden, in der Luft: Igel schlüpfen durch den Zaun, Rotkehlchen huschen durchs Gebüsch und Eichhörnchen springen meterweit von Nachbars Baum auf Ihren. Viel unauffälliger bewegen sich die Heerscharen an kleinen Tieren – Insekten und Spinnen – zwischen den Gärten hin und her, über 2000 verschiedene Arten wurden in England in einem 650 Quadratmeter großen Garten mit Rasen, Blumen und Sträuchern gezählt, darunter auch fast 50 Vogelarten. So ist jeder Garten auch Teil der heimischen Natur und angesichts schwindender Naturräume zunehmend wichtig. Ahnen Sie das Potenzial an Natur, das da in Ihren Händen liegt. Lassen Sie in Ihrem Garten nicht nur ein Paradies für Ihre eigenen Bedürfnisse entstehen, sondern legen Sie dort auch eine Oase für die heimischen Pflanzen

und Tiere an. Die Belohnung kommt prompt und tagtäglich: herrliche Naturerlebnisse, entschleunigende Erholung, gesunde Früchte und Gemüse, fühlbare Erfahrungen!

Wie das geht? Ganz einfach:

- Schenken Sie Ihren Garten oder wenigstens ein Stück davon der heimischen Natur mit Wildpflanzen, in denen sich unsere Wildtiere wohlfühlen.
- Geben Sie Vögeln, Kleinsäugern, Eidechsen, Kröten, Spinnen, Schmetterlingen und anderen Insekten einen Lebensraum, in dem sie reichlich Nahrung, Brut- und Nistplätze sowie Verstecke für Ruhe- und Winterzeiten finden.
- Verbannen Sie künstliche Dünger, Insektizide, Herbizide, kesseldruckimprägnierte Hölzer und andere umweltrelevante Substanzen aus Ihrem Garten.
- Alle Pflanzen- und Tierarten sind wertvolle Geschöpfe dieser Erde. Selbst Zecken, die so nutzlos scheinen, werden von Vögeln gefressen – nach einer Blutmahlzeit sind sie sogar ein wertvoller Leckerbissen.
- Teilen Sie Ihren Garten und die Pflanzen, die darin wachsen, mit den Tieren. Gönnen Sie ihnen einen Teil der Blätter, Blumen, Früchte, so wie auch Sie sich in Ihrem Garten bedienen. ∎

Unterm Zaun Igel legen bei ihren nächtlichen Streifzügen ein bis drei Kilometer zurück, auch durch Ihren Garten.

WILDE *Sträucher*

WOHNRAUM, JAGDREVIER, UNTERSCHLUPF, Windschutz, Regendach, Winterquartier, Nachtlager, Futterpflanze, Balzarena, Nistplatz – das und noch viel mehr sind Sträucher für die Tiere! Doch nicht Exoten wie Rhododendron, Kirschlorbeer oder Thuja sind gemeint, sondern die robusten, pflegeleichten heimischen Straucharten. Locker freistehend oder dicht wandmäßig als Schnitthecke gepflanzt bieten diese Wildsträucher so viel Lebensqualität für die heimische Tierwelt von Gallmilben bis Schmetterlingen, von Zaunkönig über Igel bis Siebenschläfer. Über 2 000 verschiedene Tiere können in solch einer Wildhecke leben – vorausgesetzt, Sie wählen die richtigen Gehölze, die möglichst über die ganze Vegetationsperiode blühen und Früchte tragen.

Für kleine Gärten Die hübsche Deutzie, wegen ihrer zahlreichen weißen Blüten ab Mai auch Maiblumenstrauch genannt, eignet sich auch für kleinere Gartenplätze. Bienen besuchen die nektar- und pollenhaltigen Blüten.

Pflanzen Sie bunt – rund ums Jahr

Je mehr verschiedene Sträucher in Ihrem Garten wachsen, umso mehr Tiere lassen sich blicken. Entscheiden Sie sich für heimische Gehölze, Sie und die Tiere werden Ihre Freude haben: Schon im Februar/März blühen Kornelkirsche, Hasel und Weiden – wichtige Nahrung für erste Schmetterlinge, Hummelköniginnen und Bienen. Schwarzdorn, Trauben-Kirsche, Trauben-Holunder und Wolliger Schneeball starten im April. Zur Freude aller Nektar- und Pollenfresser ist von Mai bis Juli Blütenfülle angesagt – bei Vogelbeere, Weißdorn, Geißblatt, Pfaffenhütchen, Wild-Kirsche, Wilder Johannisbeere, Liguster, Berberitze, Himbeere, Hartriegel, Schwarzem Holunder, Schlehe, Wildrosen und Anemonen-Waldrebe. Auf Faulbaum und Brombeere (im Zaum halten, etwa indem Sie die Pflanze in einen im Boden versenkten Kübel setzen) sollten Sie auch nicht verzichten, weisen beide doch sehr lange Blütezeiten auf. Efeu schließlich beendet den Blühreigen im September/Oktober und bietet Bienen, Wespen & Co. noch eine hervorragende Pollen- und Nektarquelle.

PFLANZIDEEN FÜR EINE FLÄCHE VON 7 x 3 METERN
- Farbenprächtige Sträucherhecke das ganze Jahr: Schneeball, Kornelkirsche, Wildrose, Sommerjasmin, Felsenbirne, Eibe (giftig!) und Liguster.
- Undurchdringliche Hecke für Grundstücksgrenzen: Wildapfel, Wildbirne, Wildrosen, Sanddorn und im Vordergrund Mahonie und Berberitze.
- Dufthecke: Flieder, Sommerjasmin, Wildrosen, Heckenkirsche, Buddleja
- Schnittverträgliche Hecke: Liguster, Berberitze, Hainbuche

Üppig So sieht der Speisezettel des Siebenschläfers aus, auf dem vor allem Früchte und Nüsse stehen, hin und wieder auch mal ein Vogelei oder kleinere Insekten.

Darauf stehen Vögel

Für die Vogelwelt beginnt das Frühjahr stressig: Singend müssen Brutreviere besetzt gehalten und Weibchen gefunden werden, dann steht Brüten, Füttern, Füttern und nochmal Füttern an. Jetzt können Sie die Vögel tatkräftig unterstützen: In dichten, eventuell sogar dornigen und stacheligen Wildsträuchern sowie in begrünten Fassaden (siehe S. 26) finden die nestbauenden Freibrüter geschützte Nistplätze, für die Höhlenbrüter hängen Sie Nistkästen an Bäumen auf (siehe S. 36). Lassen Sie einen abgestorbenen Baum für die höhlenbauenden Spechte stehen. Eine Thuja für die früh brütenden Grünfinken genügt, dazu ein Wacholder für Hänfling oder Klappergrasmücke. Im Sommer zur Mauserzeit ziehen sich die Vögel gern in den Schutz der Sträucher zurück, ebenso im Winter. Und im Herbst ist der Tisch für sie mit leckeren Wildfrüchten gedeckt. ■

EIN GARTEN FÜR *Schmetterlinge*

SCHMETTERLINGE gehören zu den beliebtesten Tieren. Kein Wunder, verbinden wir doch mit den anmutig von Blüte zu Blüte gaukelnden bunten Faltern Sommer, Freiheit und Lebenslust. Zweifelsohne gehören Schmetterlinge aber auch zu den Verlierern, denn ihr Artenschwund um 80 Prozent in den letzten 50 Jahren ist mehr als augenfällig. Grund genug, diesen Insekten zu helfen – und zwar zuerst den hungrigen Raupen, denn ohne sie gibt es auch keine Schmetterlinge.

Gedeckter Tisch für Raupen

Keine Raupe frisst wahllos jedes grüne Blättchen. Einige vertilgen zwar eine größere Palette verschiedener Pflanzen, wie etwa die Raupen des Wiener Nachtpfauenauges oder des Baumweißlings, die auf eine ganze Reihe von Laubbäumen stehen. Die meisten aber fressen nur eine Handvoll oder sogar nur eine ganz bestimmte Pflanze. Tagpfauenauge, Kleiner Fuchs, Admiral und weitere 27 verschiedene Raupen etwa ernähren sich nur von Brennnesseln – weil die überall wachsen, gehören diese Arten zu den häufigsten Schmetterlingen. Darum gehören Raupenfutterpflanzen in einen Schmetterlingsgarten, und zwar jede Menge: heimische Bäume und Sträucher, Blumen, Kräuter und Gräser (siehe S. 40).

Buntes Blumenmeer Lein, Nachtkerze, Rittersporn, Salbei, Schafgarbe und Storchschnabel gedeihen in diesem Blumenbeet. Bevorzugen Sie stets die heimischen Pflanzen mit fertilen Blüten.

Distel-Fan Die Raupen des Kaisermantels fressen nur Veilchenblätter, die Falter saugen gern an Distelblüten.

Nektar-Tankstellen

Mit ihrem langen, einrollbaren Rüssel saugen Schmetterlinge Nektar in Blüten, auch in überreifen Früchten. Doch Nektar ist nicht gleich Nektar. Bieten Sie den Schmetterlingen besonders eiweiß- und zuckerreichen Nektar, z. B. von Wasserdost, Disteln und Karden, auch von Buddleja, Sonnenhut, Prachtscharte, Katzenminze und vielen Kräutern an.

Natürliche Wegränder aus Thymian und Karthäuser-Nelken, unversiegelte Wege mit offenen Bodenstellen sind ein weiteres Schmetterlings-Plus in Ihrem Garten. Unterschlupf und Überwinterungsquartiere finden die Schmetterlinge und ihre verschiedenen Entwicklungsphasen (Ei, Raupe, Puppe) im Erdreich oder Gebüsch, das auch gleichzeitig den Raupen Nahrung spendet (z. B. aus Heckenkirschen, Schlehe, Faulbaum, Kreuzdorn, Weiden), oder in einem selbst gebauten Schmetterlingshäuschen.

SO GEHT'S: Die Fotoserie zeigt Schritt für Schritt, wie Sie dieses Schmetterlingshaus aus Holz einfach selbst bauen können. Auch zu finden unter www.m.kosmos.de/13456/tb2

Gutes für Nachtfalter

Auch wenn wir sie nicht so häufig sehen, der Artenschwund trifft auch die Nachtfalter. Die Raupen sind ebenso anspruchsvoll wie die Tagfalterraupen und stehen arttypisch auf heimische Wildgehölze, -blumen und -gräser. Die Falter bevorzugen Blüten, die sich nach Anbruch der Dämmerung oder auch erst in den frühen Morgenstunden entfalten. Häufig sind sie weiß, violett oder rötlich gefärbt mit hohen Anteilen an ultravioletten Farben, die diese Schmetterlinge besonders gut sehen. Weil Nachtfalterblüten nachts auch fein duften, machen sich Geißblatt, Wildrosen, Nachtkerzen, Duftlevkojen und Nachtviolen an der Terrasse oder unterm Schlafzimmerfenster besonders gut. ■

Schmetterlingshotel Blumenreich sowie regen- und windgeschützt sollte der Platz für die Falter-Unterkunft sein.

Gemüse & Blumen IM BUNTEN MIX

GARTENFRISCHES GEMÜSE, würzige Kräuter, leckere Früchte und üppige Blütenfülle – all dies vereint ein Bauerngarten auf kleinem Raum. Bunt gemischt wächst auf den Beeten und Rabatten eine große Vielfalt an verschiedenen Pflanzen in Mischkultur und Fruchtwechsel. Schon die Menschen früher haben gewusst, dass es sich so besser gedeihen lässt als auf großen Einheitsbeeten. „Schädlinge" haben in einem Bauerngarten keine Chance, wohl aber Ihre Augen, Nasen und Ohren, die gar nicht genug bekommen können von Farben, Formen, Düften und Gesumme.

Wer kann mit wem?

Biodiversität sollten Sie gerade im Bauerngarten ganz groß schreiben, außerdem robuste, regionale und alte Arten und Sorten bevorzugen. Kennen

Vielfalt groß geschrieben Auf den Beeten gedeihen verschiedene Gemüse, die sich gegenseitig in ihrem Wachstum unterstützen.

Schwebfliegen, Bienen, Hummeln Diese Insekten besuchen die Blüten der Wegwarte, Stieglitze ernähren sich von den Samen.

Ringelblume und Tagetes Diese Blumen passen zu jedem Gemüse und halten Nematoden (Wurzelälchen) fern.

Sie noch Teltower Rübchen, Kerbelrübe, Eiszapfen oder Zuckerwurzeln? Da nicht jeder mit jedem gut auskommt, greifen Sie bei der Pflanzung am besten auf bewährte Kombinationen von Gemüse, Kräutern, Obst und Blumen zurück. Mangold zwischen Buschbohnen und noch aromaverstärkendes Bohnenkraut dazu oder Lauch, Möhren, Sellerie und Rosmarin. Erdbeeren mit Salatherzen, Zwiebeln und Kerbel. Ringelblumen und Basilikum kommen zu Kohl und Kartoffeln. Dazwischen Wildrosen mit Lavendel und Borretsch, um die blütenbestäubenden Bienen und Hummeln anzulocken. Als Beeteinfassung setzen Sie keinen Buchs, sondern Eberraute, Salbei und Pfefferminze und im Hintergrund wilde Sträucher (Quitte, Geißblatt, Himbeeren, Stachel- und Johannisbeeren).

Bunte Blütenfülle

Was wäre ein Bauerngarten ohne seine herrlichen Blumen wie die Pfingstrose, die einjährige Balsamine und die Bechermalve? Jungfer im Grünen, Levkoje, Löwenmäulchen, Resede, Schleierkraut, Kosmee, Aster, Wicke, Zinnie, Sonnenblumen oder – zweijährig – Bart-Nelke, Horn-Veilchen, Königskerze, Mariendistel, Glockenblume, Stockrose, Stiefmütterchen und Vergissmeinnicht? In einer solch bunten Gartenwelt fühlen sich auch viele Tiere wohl, die kleinen und die großen. Blattläuse breiten sich möglicherweise auf Kapuzinerkresse aus, doch flugs sind auch Marienkäfer da. Weinbergschnecken sollten Sie begrüßen, fressen sie doch, genauso wie Laufkäfer, Erdkröten und Igel, die Eier von Nacktschnecken. ■

DIESE KRÄUTER UND GEMÜSE PASSEN GUT ZU …

Bohnen	Bohnenkraut, Borretsch, Kapuzinerkresse, Gurken, Rote Bete, Sellerie, Tomaten
Erdbeeren	Schnittlauch, Knoblauch, Zwiebeln
Gurken	Basilikum, Dill, Kopfsalat, Lauch, Sellerie
Kartoffeln	Kapuzinerkresse, Pfefferminze, Kohlrabi
Kohl	Basilikum, Beifuß, Dill, Mangold, Spinat
Möhren	Dill, Salbei, Schnittlauch, Lauch, Radieschen, Salat, Zwiebeln
Salat	Borretsch, Schnittlauch, Kohlrabi, Radieschen
Tomaten	Basilikum, Petersilie, Buschbohnen, Kohl

Wilde Gartenecken
FÜR TIERE

SIE HABEN EIN HERZ FÜR TIERE, möchten aber nicht den ganzen Garten umgestalten? Dann schenken Sie doch den Insekten, Spinnen, Echsen und Vögeln einfach eine Ecke. Diese wilde Ecke muss ja nicht neben Ihrer Terrasse liegen. Wählen Sie einen abgelegenen Teil des Gartens, vielleicht dort, wo Ihr Kompost liegt, und lassen Sie dort nach dem Vorbild der Natur ein Paradies für Tiere entstehen. Das muss nicht verwahrlost sein, sondern kann sogar dank blühender Wildblumen ein Hingucker werden.

KOMPOSTIEREN GANZ EINFACH
Ein Holzgerüst auf gewachsenem Boden (Schattenplatz) wird zunächst mit groben Ästen gefüllt, dann wechseln sich Schichten aus holzigen und krautigen Gartenabfällen mit Küchenabfällen ab. Verteilen Sie auf jede Schicht zwei Handvoll Gartenerde. Und wenn Sie an einer Seite statt Holz eine Plexiglasscheibe einbauen, können Sie und Ihre Kinder beobachten, was im Komposthaufen so vor sich geht – spannend!

Verlockende Angebote

Ein Komposthaufen für Garten- und Küchenabfälle ist ein Muss im heutigen Garten, garantiert er doch einen nachhaltigen Stoffkreislauf. Außerdem ist er ein verlockender Anziehungspunkt: Ringelnattern (harmlos) legen gern ihre Eier in das warme verrottende Pflanzenmaterial, Regenwürmer, Asseln und andere Tiere helfen beim Zersetzen und locken Vögel an.
Sorgen Sie auch für ein Stückchen offenen Boden im Schatten, den Sie im Sommer auch feucht halten können. Wildbienen, Kleiber und Schwalben bedienen sich an Schlamm und Lehm, Schmetterlinge tanken Mineralien und Spatzen baden gern im feinen Sand.

Halbschattig Ein idealer Kompost-Platz. Versorgen Sie Ihren Garten einmal im Jahr mit drei bis fünf Litern Kompost/qm.

Damit die wilde Ecke nicht wie ein Baustofflager aussieht, wachsen dort Wildsträucher (siehe S. 50), Wildblumen, Kräuter, Brennnesseln (für Raupen und Ihren frischen Kräutertee) und die zahlreichen Futterpflanzen, die Raupen lieben (siehe S. 40).

Naturelemente im wilden Eck

Kleinstrukturierende Elemente, die im restlichen Garten vielleicht nicht vorhanden sind, haben im wilden Eck das Sagen. Ein Totholz- oder Reisighaufen als Ersatz für fehlende Altholzbestände gehört dazu, denn er liefert Wespen und Hornissen wertvolles Baumaterial für die Papiernester und bietet vielen Tieren (Rotkehlchen, Zaunkönig, Igel, Mauswiesel, Spitzmäuse, Erdkröte, Zauneidechse) Lebensraum und warmen Unterschlupf. Schichten Sie dazu einfach Ihren Baumschnitt, Holzreste und Laub locker auf. Auch

Nicht häckseln! Totes Holz wird rasch von unzähligen Pilzen und Tieren besiedelt, die es langsam zersetzen und dabei Teil einer lebendigen Nahrungskette werden.

Holzstöße zum Ablagern von Brennholz mit vielen unregelmäßig großen Hohlräumen werden gern von Tieren angenommen. Auch Baumstümpfe, am besten von der Sonne beschienen, locken wärmeliebende Schmetterlinge & Co. an. Platzieren Sie an einer gut einsehbaren Stelle zusätzlich eine flache Schale mit Wasser für die Insekten.

Ähnlich wertvoll für Tiere sind Natursteine, als Trockenmauer verbaut (siehe S. 22) oder locker als Haufen geschichtet. Das Lückensystem nehmen Laufkäfer, Asseln, Tausendfüßer, Erdkröten, Blindschleichen und andere Tiere als Sommer- oder Winterquartier an, die wegen ihrer nächtlichen Lebensweise gar nicht so auffallen. Sammeln Sie auf dem Natursteinhaufen alle Steine, die Sie im Garten stören. Falls Sie ein begeisterter Steinesammler sind, können Sie nun ungestört bei jeder Wanderung Ihrem Hobby frönen – für die Sammelfunde gibt es ja nun einen guten Platz in Ihrem Garten. ■

Völlig harmlos Immer noch kommen unzählige Blindschleichen zu Tode, weil sie mit Schlangen verwechselt werden.

DRAUSSEN IM GARTEN *mehr erleben*

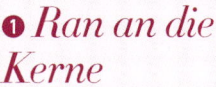

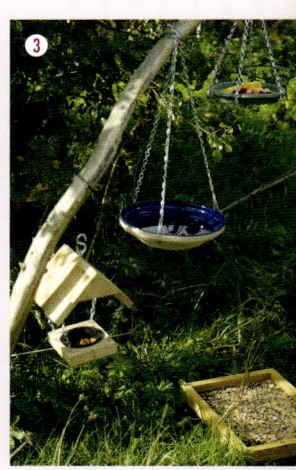

❶ Ran an die Kerne

Vögel lieben Sonnenblumen-kerne, auch die noch grünen, die „milchreif" genannt werden. Aus den geernteten Sonnenblumenblü-ten mit jungen oder alten Kernen kannst du mit einer Kordel oder Schnur hübsche Futternäpfchen basteln. Dann für die Gartenvögel regengeschützt und gut zugäng-lich aufhängen!

❷ Kleines ganz groß

Lupendosen sind super! Damit kannst du Käfer, Fliegen, Spinnen und andere Insekten vorsichtig fangen und vergrößert anschauen – dank der kleinen Klapplupe sogar in zwei verschiedenen Vergröße-rungen. Beobachte die Tiere aber nur im Schatten und lass sie nach kurzer Zeit wieder frei. Schließ-lich willst du sie ja nicht verletzen.

❸ Noch mehr Gutes für Vögel

Gleich ein ganzer Laden an ver-schiedenem Futter wartet hier auf die gefiederten Gäste: in Fett getauchte Haferflocken, Apfel-schnitze und am Boden ein Tablett mit ausgestreuten Erdnüssen und Sonnenblumenkerne. Wer kann da nein sagen? Vögel sind auch durstig, darum das Wasser nicht vergessen!

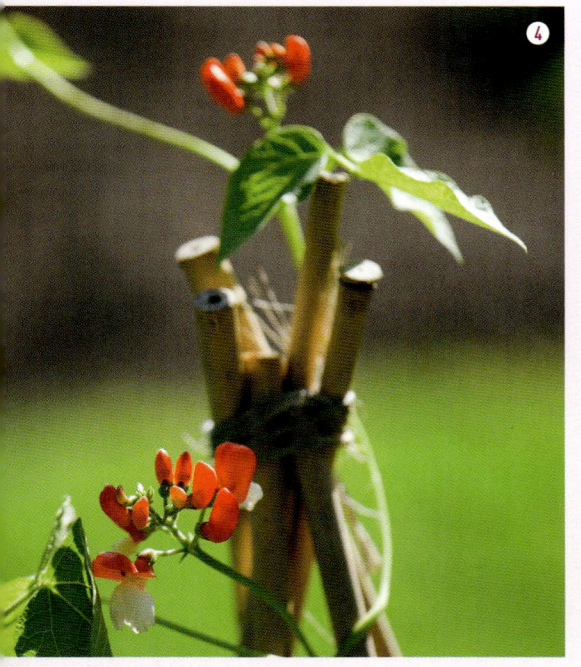

④

Ein Tipi für Stadtindianer ❹

Aus langen Bambusstöcken kannst du dir ein Tipi in deinem Garteneck bauen. Stecke am Fuß jedes Stocks ein paar Samen in den Boden, zum Beispiel von Kapuzinerkresse, Schwarzäugiger Susanne oder Feuerbohnen (Achtung, die Bohnenfrüchte sind roh giftig) und dann heißt es ein paar Wochen warten, bis die Pflanzen sich nach oben gerankt haben.

Für Naschkatzen ❺

Zugegeben, Radieschen sind ein bisschen scharf. Aber vom eigenen Beet selbst geerntet schmecken sie richtig fein auf einem Butterbrot. Auf deinem Kinderbeet ist bestimmt auch noch Platz für Erdbeeren, Karotten, Sonnenblumen, Kapuzinerkresse und Ringelblumen. Oder wie wär's mit einer Schokoladenblume?

⑤

HAST DU DAS SCHON MAL BEOBACHTET?

- Marienkäfer und deren Larven bei der Jagd auf Blattläuse
- den langen Rüssel eines Schmetterlings
- eine Kreuzspinne beim Netzbau
- eine Amsel, die einen Regenwurm fängt
- eine Meise mit Raupen im Schnabel für ihre Jungen
- einen Kleiber, der kopfunter den Stamm hinabläuft
- ein Eichhörnchen beim Nüsseknacken
- einen umherstreunenden Igel (der ist ziemlich laut)
- ums Haus jagende Fledermäuse

Gestaltung mit dem Rasenmäher Gemäht wird der grüne Rasenteppich nur dort, wo er zum Gehen, Sitzen oder Spielen genutzt wird.

LEBENDIGE
Wiesenwelten

EINE FLÄCHE MIT TRITTFESTEM GRÜN gehört in vielen Gärten einfach dazu. Dort spielen die Kinder, wird schmackhaft gepicknickt oder einfach nur ausgeruht. Ein monotoner Rasen aus den üblichen Gräsermischungen muss es aber dennoch nicht sein, locken doch so viele andere begehbare Möglichkeiten. Das Plus: weniger Pflege, mehr Vielfalt an Pflanzen und Tieren.

Mehr Leben auf den Rasen

Am einfachsten gelingt Ihnen dies, wenn Sie ein paar Inseln auf der Rasenfläche nicht mähen. Auf diesen Inseln wächst das Gras nun höher, bunter werden sie durch die zusätzliche Pflanzung von Zwiebelblumen oder Stauden. Wenn Sie den Bewuchs auf diesen Inseln entfernen und den Boden mit Sand abmagern, können Sie dort sogar eine Wildblumenwiese anlegen oder duftende Kräuter setzen. So erhalten Sie lebendige Lebensräume im flächigen Grün mit Naturerlebnisgarantie – und das vom Liegestuhl aus. Statt Inseln im Rasen stehen zu lassen, können Sie auch umgekehrt verfahren: Sie mähen den Rasen nur dort, wo tatsächlich gespielt und gelaufen wird oder Liegeflächen benötigen werden. Neben den wie Inseln angelegten Blumenflächen entstehen geschwungene Wege und kleine Gartenräume, die Ihrem Garten Struktur geben und zum Erkunden einladen.

Natur pur: Blumenwiesen

Spielen Sie mit dem Gedanken, Ihre Rasenflächen durch eine Blumenwiese zu ersetzen, so müssen Sie zunächst den Boden abmagern. Auf überdüngten Böden wollen die Naturwiesenblumen (Glockenblume, Flockenblume, Margerite, Pippau, Salbei, Kugelblume & Co.) aus der Samentüte oder der Rolle nicht gedeihen. Doch dann, wenn die vielen verschiedenen

Im Frühling Zwiebelblumen bilden eine hübsche Blumeninsel mitten in der grünen Rasenfläche.

Viel zu tun In einem naturnahen Garten blühen reichlich pollen- und nektarhaltige Blüten für Wild- und Honigbienen.

Blumen aufblühen und summende, flatternde und gaukelnde Insekten eintreffen, haben Sie Naturgenuss für alle Sinne. Mit dem Rasenmäher einen Weg durch die Blumenwiese gemäht, schon ist auch diese Fläche begehbar. Weiterer Vorteil: Man muss nur zweimal im Jahr mähen: 1. Mal im Juni/Juli, 2. Mal im September (Schnitthöhe 8 bis 10 cm).

Duftender Kräuterasen

Die duftende Alternative zur Blumenwiese ist ein „Rasen" aus niedrig bleibenden Kräutern wie beispielsweise verschiedenen Thymian-Arten. Auch ein Kräuterrasen lockt unglaublich viele Insekten an, und wird nur zwei- bis dreimal im Jahr gemäht. Wildkräuterrasen gibt es auch zum Aussäen und sogar schon als Rollrasen. Gänseblümchen, Ehrenpreis, Löwenzahn, Günsel und andere Blumen, die von selbst Ihren Rasen erobern, sollten Sie darin wachsen lassen. Sie vertragen regelmäßiges Mähen und machen die grüne Fläche bunter. ■

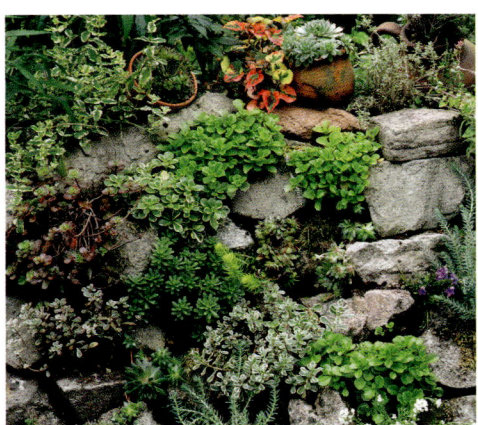

Lebendiges Mauerwerk Neben attraktiven Blattschmuck-pflanzen eignen sich auch blühendes Blaukissen und Hornkraut.

Beim Sonnenbaden Morgens wärmen Zauneidechsen (hier ein Weibchen) ihren Körper gerne in der Sonne auf.

TROCKEN & KARG
Kräuter & Steine

KRÄUTER MACHEN NICHT NUR JEDES GERICHT SCHMACK-HAFTER, Nektar und Pollen der duftenden Blüten stehen auch auf dem Speiseplan von Schmetterlingen, Bienen und Co. Pflanzen Sie doch in Ihrem Garten eine Kräuterecke, in der all die verschiedenen Kräuter gedeihen, die wir nicht missen wollen: Petersilie und Schnittlauch, Basilikum und Minze, Rosmarin und Salbei. Und wenn sich zwischendrin ein paar Wildkräuter breitmachen, Spitz-Wegerich und Sauerampfer, Schafgarbe und Giersch, so lassen wir sie mit ordnender Hand, die einem Überwuchern Einhalt gebietet, gewähren.

Viele Kräuter wollen es warm. Darum ist es günstig, wenn Sie Ihr Kräuterbeet zumindest nach Süden hin von einem aufgesetzten Steinmäuerchen umgeben.

Steine müssen sein

In warmen, lückenreichen Steinhaufen und -mauern fühlen sich Zauneidechsen wohl. Wenn Sie den hübschen Reptilien eine Herberge anbieten wollen, so verteilen Sie einige große Steine auf einem 30 cm tief mit Sand vermischten Boden, in dem die Echsen ihre Eier ablegen können. Darauf setzen Sie im Wechsel flachere, größere Steine und kleinere Füllsteine bis zu einer Höhe von etwa 1 m. Achten Sie auf ausreichend Stabilität. Halten Sie Katzen fern, denn sie erbeuten morgens mit Leichtigkeit sonnenbadende Zauneidechsen, die noch nicht ihre optimale „Betriebstemperatur" erreicht haben.

Mit Mauern gliedern

Trockenmauern haben stets eine Neigung von 10 bis 25 Prozent und benötigen ein passendes Fundament mit Dränage (20 cm tief aus Kies und Schotter) und Hinterfüllung aus grobem Steinmaterial. Als Fugenfüller dient lehmige Erde, kein Beton oder Zement, die die kostbaren Spalten und Ritzen verschließen würden. Bevorzugen Sie Natursteine aus der Region. Sie passen sich besser der Umgebung Ihres Gartens an und weisen eine günstige Ökotransportbilanz (nahe Wege für das schwere Material) auf. Die Mauerfugen, -krone und -fuß bepflanzen Sie mit zusagenden Gewächsen, Thymian, Mauerpfeffer und Hauswurz etwa an sonnigen Standorten, Farne, Ruprechtskraut und Steinbrech an schattigeren. Steinmauern können Ihren Garten auch in Räume und Plätze gliedern, bieten sich zur Abstufung von abfallendem Gelände und Böschungen an oder dienen als Umrandung von Kräuterspiralen, Beeten und Terrassen. Sie können als Sitzgelegenheit genutzt oder einfach nur als Wärmespeicher für den Boden wärmeliebender Pflanzen (z. B. mediterrane Kräuter) genutzt werden.

Spiralig angeordnet

Noch eleganter ist ein Kräuterrondell oder eine Kräuterspirale, die durch ihren Aufbau den unterschiedlichen Bedürfnissen von Kräutern ge-

recht wird: Unten ist es kühl und feucht, ganz oben warm und trocken. Gemäß diesen Kleinklimaten pflanzen Sie von unten nach oben Minze, Veilchen, Melisse, Schnittlauch, Ysop, Kamille, Portulak, Borretsch, Koriander, Estragon, Weinraute, Basilikum, Majoran, Winter-Bohnenkraut, Rosmarin, Salbei, Lavendel, Thymian und Oregano. An halbschattigen Stellen gedeihen Petersilie und Liebstöckel. Die „Wände" dieser Kräuterschnecke bauen Sie wie eine spiralförmige Trockenmauer aus regionalen Natursteinen, besonders hübsch macht sich eine kleine Wasserstelle am Fußende. Dort fühlen sich Brunnenkresse und mancher durstiger Vogel wohl. ■

In der Spirale Von unten nach oben wird es immer trockener – perfekt für die Kultur verschiedener Kräuter.

SCHRITT FÜR SCHRITT: Die Fotoserie zeigt, wie die oben abgebildete Kräuterspirale gebaut und bepflanzt wird. Auch hier zu sehen: www.m.kosmos.de/13456/tb3

Einladung für Vögel Gut einsehbar ragt die flache Vogeltränke zwischen dem Grün hervor. Auch Schmetterlinge bedienen sich gern.

MAGISCH *Wasser im Garten*
ANZIEHEND

EIN GARTENTEICH KANN zwar keine natürlichen Feuchtbiotope in der Natur ersetzen, er ist aber dennoch eine Lebensquelle in jedem Garten. Libellen (Blaugrüne Mosaikjungfern sind die ersten) tummeln sich zwischen den dekorativen Uferpflanzen, Wasserläufer schlittern auf der Oberfläche und Grünfrösche hüpfen platschend ins Wasser. Selbst ein kleiner Teich ist ungemein dekorativ und macht sich gut neben Ihrer Terrasse, an der optisch tiefsten Gartenstelle oder in einem stillen Garteneck. Mit attraktiven heimischen Sumpf-, Schwimm- und Unterwasserpflanzen gestaltet bietet er den Tieren im und außerhalb vom Wasser vielfältige Kleinstlebensräume. Wenn dann auch noch die Umgebung des Teichs naturnah angelegt ist, finden sich Frösche, Kröten, Molche, Libellen und andere Tiere von ganz allein ein.

Kleine Gartenteich-Praxis

Wählen Sie für Ihren Teich einen Platz mit ausreichend Abstand zu hohen Bäumen, der mindestens fünf Stunden täglich von der Sonne beschienen wird. Damit der Teich gut wirkt, sollte er nicht zu klein sein, aber auch nicht mehr als ein Drittel der Gartenfläche einnehmen. Hohe Sumpfpflanzen wie Blut-Weiderich, Mädesüß, Wasserdost, Schwertlilie oder Schilf wachsen im Hintergrund, niedrige wie Blutwurz, Froschlöffel, Sumpfdotterblume oder Sumpf-Vergissmeinnicht im Vordergrund. Seerosen wollen ruhiges Wasser, Unterwasserpflanzen (z. B. Hornblatt, Laichkraut) sorgen für ausreichend Sauerstoff und bieten Wassertieren Jagdgründe und Verstecke. Belassen Sie eine Uferstelle aber frei von Pflanzenbewuchs, denn dort landen gern Libellen, Schmetterlinge und Vögel. Damit Igel, die ins Wasser gefallen sind, sich retten können, sollten Sie auf flache, sanft abfallende Uferbereiche achten, die mit Natursteinen belegt sind.

VOGELTRÄNKEN

Vögel müssen trinken, auch im Winter. Gibt es keine Wasserstellen in der Umgebung, müssen sie oft weite Strecken zurücklegen, was Energie kostet. Bieten Sie den gefiederten Freunden doch eine Vogeltränke an: Ideal sind muldenförmige Schalen, die allmählich tiefer werden (höchstens 5 cm), mit einer rauen Oberfläche und kleinen Inseln (etwa aus Steinen). Stellen Sie sie an einem katzensicheren, gut einsehbaren Platz auf und halten Sie sie im Winter eisfrei.

Minigewässer

Wer keinen Platz für einen Teich hat, der braucht auf Wasser trotzdem nicht zu verzichten: Auf Balkon und Terrasse bietet sich ein Miniwassergarten im Holzfass oder Steintrog an. Am Fuß einer Kräuterspirale (siehe S. 23) oder am Rand der Blumenrabatte laden Kleinstteiche, versenkte Kübel oder Wasserlöcher ein, die Fahrspuren am Waldwegrand nachempfunden sind. ■

Nass im Fass Mindestens 40 cm tief und breiter als hoch sollte das Gefäß für den Miniteich sein, in dem auch eine Seerose gedeiht.

Wände & Dächer BEGRÜNT & BEWACHSEN

AN DER HAUSWAND MUSS IHR GARTEN NICHT AUFHÖREN, bieten sich doch die Fassade oder die Wände von Garage, Schuppen oder Mauer für lebendiges Blattwerk geradezu an. Sie präsentieren sich so im Wechsel der Jahreszeiten stets neu und ziehen viele Tiere an: Im dichten Bewuchs von Kletterpflanzen brüten Amsel, Zaunkönig und andere Vögel, die dort auch gleich noch jede Menge Futtertiere – Fliegen, Käfer, Bienen, Wespen, Spinnen – und im Herbst und Winter nahrhafte Früchte an Geißblatt, Wildem Wein und Efeu finden.

Das gilt es zu beachten

Bevor Sie loslegen, sollten Sie zunächst das Mauerwerk prüfen, denn nur wenn es intakt ist, eignet es sich zur Begrünung. Dann haben Sie die Qual der Wahl: Einjährige Kletterpflanzen wie Hopfen (Futterpflanze für Raupen) oder Rote Zaunrübe (giftig) sind ebenso möglich wie Ihr Lieblingsobst im Spalier (Weinreben, Äpfel, Birnen, Pfirsiche, Pflaumen, Aprikosen). Klassisch ist eine ausdauernde Begrünung mit Klettergehölzen.

Wertvolle Winterkost Aus den grüngelben Blüten entwickeln sich im Winter die kugeligen, für uns giftigen Efeufrüchte.

Lebendes Dach Fetthenne, Steinbrech und selbst angesiedelte Wildpflanzen schmiegen sich der Dachfläche an.

Efeu (wertvoll) und Wilder Wein erklimmen von selbst die Wand, für die anderen benötigen Sie ein passendes, ausreichend stabiles Klettergerüst aus Holz oder Metall. Glyzinien verbreiten mediterrane Urlaubsstimmung, Geißblatt verströmt feinen Duft, in Kletter-Hortensien und kletternden Wildrosen nisten gern Vögel. Schlingknöterich wächst ungemein schnell und Waldreben *(Clematis)* bezaubern durch herrliche Blütenpracht. Haben Sie Ihren Favoriten schon gefunden?

Auf dem Dach, juchhe!

Wenn die Wände von Haus und Schuppen in ein grünes Kleid gepackt sind, kommt die nächste Etage dran – die öde Dachfläche wird zur Bienenweide. Unabdingbare Voraussetzung: Das Dach muss über eine geeignete Konstruktion und ausreichende Stabilität verfügen, kommen doch schnell Belastungen von 180 kg und mehr pro Quadratmeter zusammen. Da auf dem Dach extreme Bedingungen herrschen – brütende Hitze im Sommer, eisige Kälte im Winter, dazu noch heftige Winde, dünne Bodendecke –, ist dort der ideale Platz für Pflanzen und Tiere, die in Kiesgruben, auf Trockenrasen und Steinmauern leben: Fetthenne und Dachwurz gehören ebenso dazu wie Thymian, Tripmadam und Mauerpfeffer, Seifenkraut und Prunelle, Felsen-Nelke, Färberkamille, Habichtskraut und Heide-Nelke, Glockenblumen, Berg-Astern und Wundklee. Die Blüten bieten Hummeln, Bienen, Schmetterlingen, Käfern und Fliegen reichlich Nektar und Pollen, die Samen sind begehrte Vogelnahrung. Mit der Erde, den Pflanzen und im Vogelgefieder gelangen Spinnen, Weberknechte, Heuschrecken und andere Kleintiere aufs Dach. Beobachten Sie, welche Pflanzen gut gedeihen. Vielleicht müssen Sie auch nochmals nachpflanzen – doch das lohnt sich angesichts der Aussicht auf ein lebendiges Dach. ∎

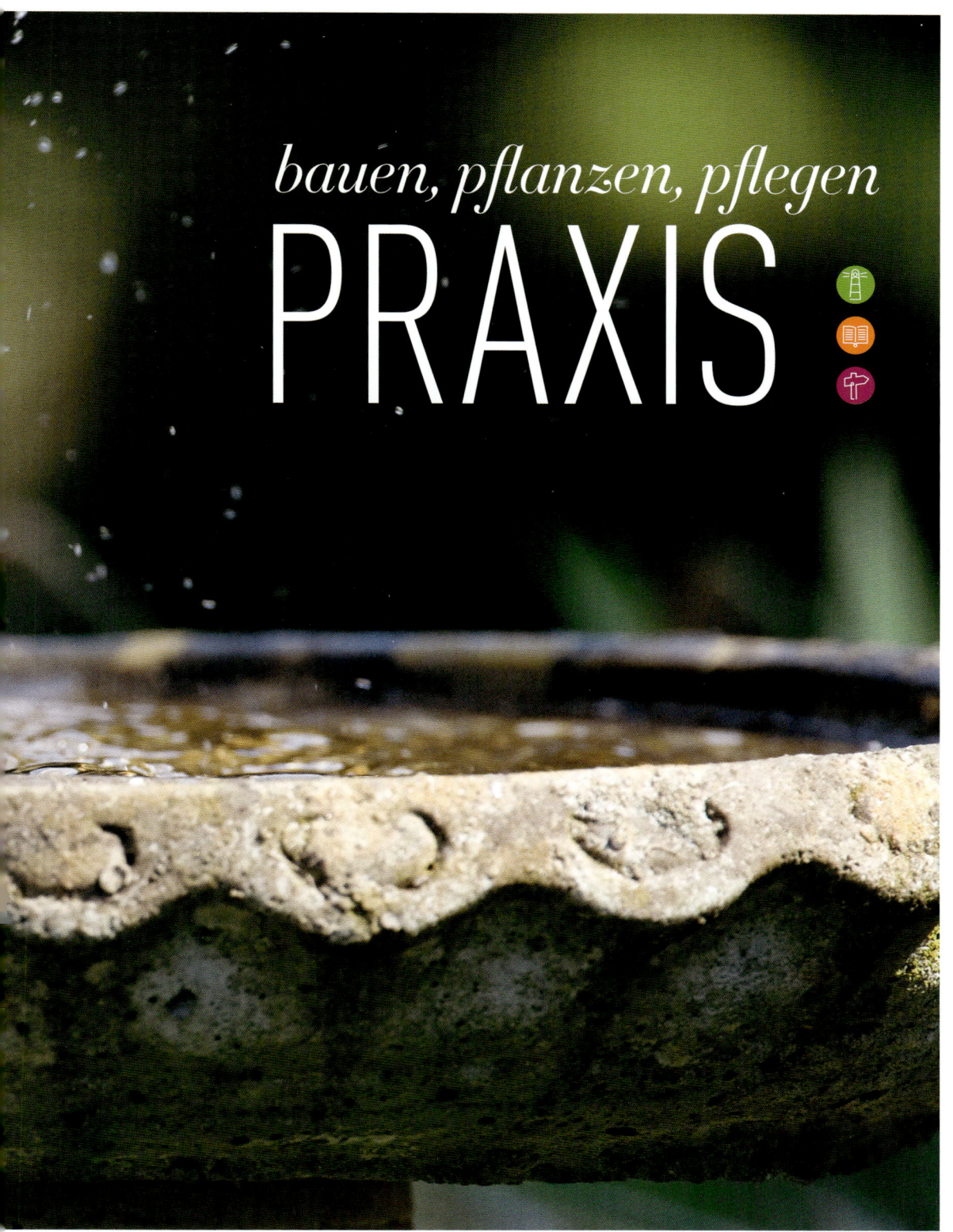

bauen, pflanzen, pflegen
PRAXIS

PRAXISWISSEN KOMPAKT

S. 34

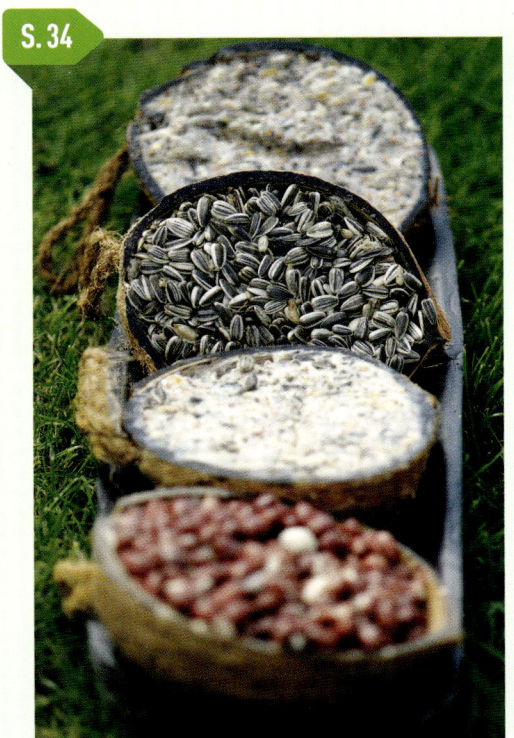

S. 36

Wohnung gesucht!

Etliche Vogelarten und Fledermäuse nisten und wohnen in natürlichen Specht- und Baumhöhlen. Die werden aber immer seltener. Hier können Sie helfen und mit dem **Bau von passenden Holzkästen** Wohnraum schaffen. Und damit die Nachzügler unter den Zugvögeln auch noch freie Wohnungen finden, hängen Sie ruhig mehrere **Nistkästen** auf.

Am Futterhäuschen

Lassen Sie sich nicht verunsichern: Vögel füttern macht nicht nur Freude, sondern hilft den gefiederten Gästen in unserer nahrungsarmen Kulturlandschaft ganz besonders.

S. 38

S. 40

Futter für Schmetterlingsraupen

Viele Vögel ernähren sich und vor allem ihre Jungen von Insekten. Das ist auch einer der Gründe, warum so viele Zugvögel im Sommer zu uns kommen. Insekten sind auch für uns wichtig, bestäuben sie doch zum Beispiel unsere Obstbäume. Doch Insekten leben nur dort, wo es was zum Futtern gibt – zum Beispiel in Ihrem Garten, in dem eine Vielfalt an Futterpflanzen für Raupen und Schmetterlinge gedeihen.

Halme, Nisthölzer und Holzwolle

Aus diesen Materialien und einigen mehr können Sie ganz leicht geschützte Unterkünfte für Insekten bauen. Wildbienen und solitäre Wespen legen ihre Eier nämlich nicht einfach auf Blättern ab, sondern suchen dazu gezielt enge Hohlräume auf. Die fehlen aber häufig in unseren aufgeräumten Gärten und Kulturlandschaften. Auch Schlaf- und Winterquartiere für Florfliegen, Marienkäfer und andere Insekten sind Mangelware. Genau das bietet Ihr Insektenhotel.

S. 42

Natürliche Pflege

Zwei Dinge sollten Sie bei der Gartenpflege beachten.
1. Naturnahe Wildnis zulassen und den Garten nicht „überpflegen".
2. Den Garten aus der Sicht der Tiere betrachten. Mit diesem Gespür fühlen sich Mensch und Tier wohl.

Gehölze pflanzen so GEHT'S

BÄUME UND STRÄUCHER GEHÖREN IN JEDEN GARTEN. Sie bieten wunderschöne Gestaltungsmöglichkeiten, erfrischen die Luft und sind vielseitige Lebensräume rund ums Jahr. Ist Ihr Garten groß genug, sollte ein Hausbaum nicht fehlen. Optimal wäre natürlich eine Eiche, auf der über 2 000 verschiedene Tiere leben – doch für diesen Baumriesen sind unsere Gärten meist zu klein. Ebenfalls wertvoll sind Obstbäume (z. B. Apfel, Birne) und heimische Laubbäume. Für kleine Gärten bietet sich einer der vielen kleinkronigen Laubbäume an: Bis zu 10 m hoch werden Kugel-Ahorn, Blumen-Esche und Zier-Apfel. Für größere Gärten kommen auch Laubbäume mit Höhen von bis zu 15 m (Baum-Hasel, Eberesche, Elsbeere) oder gar bis zu 20 m (Ess-Kastanie, Pyramiden-Eiche, Mehlbeere) in Frage. Wählen Sie aber Ihren Hausbaum mit Bedacht, schließlich dauert die Freundschaft ja viele Jahrzehnte. Informieren Sie sich in einer Baumschule in Ihrer Nähe auch über regionale Baumarten. Entscheiden Sie sich möglichst für heimische Wildsträucher- oder Hecken-Arten (siehe S. 50), nur einige „exotische" Gehölze wie Buddleja werden von den hiesigen Tieren ebenfalls gut angenommen. Lassen Sie zumindest an einigen Stellen Brennnesseln unter Obstbäumen und Sträuchern wachsen, diese fördern deren Gesundheit und dienen als Raupenfutter.

Mehrwert Obstbaum Kletterpartien, Früchte, Tierherberge – das und noch viel mehr bietet ein Apfelbaum.

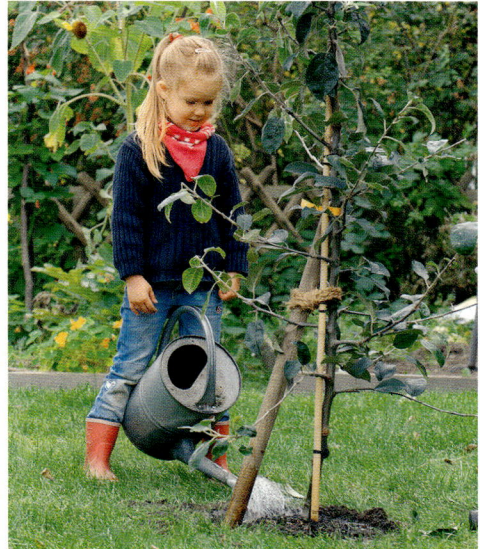

Gießen muss sein Nach dem Pflanzen müssen Sie ordentlich wässern, damit die Erde die feinen Wurzeln umschließt.

Nun geht's ans Pflanzen

Wann der richtige Zeitpunkt ist, entscheidet das Gehölz: Haben Sie eine Pflanze mit Ballen oder im Container gekauft, so können Sie diese an allen frostfreien Tagen setzen, wurzelnackte Gehölze hingegen nur im zeitigen Frühjahr oder besser noch im Herbst, und zwar in ein ausreichend großes Pflanzloch (Erdreich vorher lockern!). Füllen Sie das Loch dann bis etwas über den Wurzelballen auf und treten Sie die Erde fest. Angießen nicht vergessen. Junge Bäume brauchen in den ersten Jahren einen stabilen Stützpfosten, an den sie mit einem Kokosstrick oder Nylonstrumpf in einer Achterschlaufe festgebunden werden. Am besten setzen Sie den Pfahl bereits vor dem Pflanzen des Baums. Im Winter können Sie die Gehölze dann bei Bedarf zurückschneiden.

SCHRITT FÜR SCHRITT: Hier können Sie sehen, welche Schritte bei der Pflanzung zu beachten sind. Zu den Bildern gelangen Sie auch über www.m.kosmos.de/13456/tb4

Der Abstand zum Nachbarn

Bei der Pflanzung von Gehölzen sollten Sie die vorgeschriebenen Grenzabstände zu Nachbargrundstücken beachten, die im Nachbarrecht Ihres Bundeslandes geregelt sind. Dabei wird der Abstand von der Mitte des Stamms oder der Hecke bis zur Grenzlinie gemessen. Für Sträucher oder eine Hecke von bis zu 2 m Höhe ist das meist 75 cm, bei über 2 m ist der Grenzabstand 0,75 cm plus die Mehrhöhe der Gehölze ab 2 m. Starkwüchsige Bäume müssen je nach Art einen Abstand von 2 bis 4 m zum angrenzenden Grundstück einhalten, alle anderen einen von 1,5 m. Erkundigen Sie sich vor der Pflanzung bei der Stadtverwaltung nach den korrekten Abständen für Ihren Garten. ■

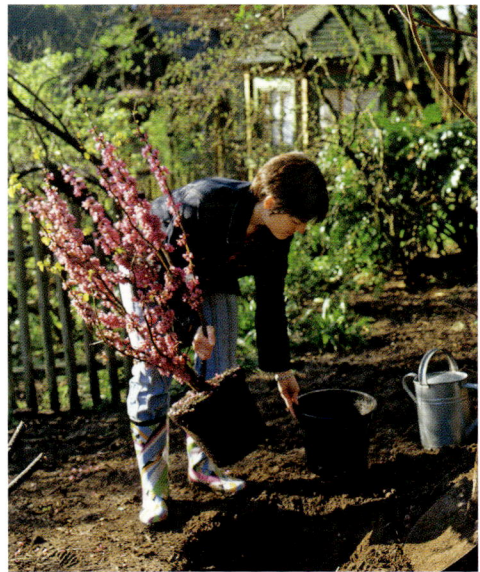

Pflanzzeit An frostfreien Tagen können Sie Ballen- und Containergehölze in ein passendes Pflanzloch setzen.

Vögel füttern MACHT FREUDE

SIE KÖNNEN DABEI NICHT NUR DIE GEFIEDERTEN GÄSTE aus nächster Nähe beobachten, sondern leisten einen wichtigen Beitrag zum Vogelschutz. Doch wann ist es richtig? Nur im Winter? Untersuchungen zeigen, dass die heimischen Vögel das ganze Jahr über unserer Unterstützung bedürfen. Unsere Wiesen und Felder, Gärten und Wälder werden nämlich immer nahrungsärmer. Daher müssen Vögel oft sehr weit umherfliegen, um ausreichend Nahrung zu finden – und ihr Ener-

giebedarf erreicht in der Brutzeit Jahresspitzenwerte. Wussten Sie, dass ein einziges Kohlmeisenküken in nur drei Wochen Nestzeit über 10 000 Insekten frisst? Durch ganzjährige Futterstellen, die besonders zum morgendlichen Frühstücken beliebt sind, werden Vögel keineswegs faul und träge oder füttern ihre Jungen gar mit falschem Futter. Instinktiv wissen sie genau, was die Kleinen brauchen.

Vespern, ja bitte Amseln bedienen sich an fast allem, was das Futterhaus bietet – Haferflocken, Meisenknödel, Nussbruch, Apfelstücke, Sonnenblumen- und Maiskörner.

VOR GLASSCHEIBEN SCHÜTZEN!
Vögel nehmen durchsichtige und spiegelnde Glasscheiben nicht als Hindernis wahr und kommen dort millionenfach zu Tode. Daher sollten Sie große Fensterscheiben und solche in der Nähe von Futterstellen besonders markieren. Besser als aufgeklebte Greifvogel-Silhouetten wirken farbliche Markierungen in kurzen Abständen, z. B. mit Malereien (Fenstermalkreide, Window Color) oder einem speziellen UV-Stift (Birdpen). Auch Fensterscheiben aus Spezialglas (Ornilux) sind mittlerweile erhältlich.

 **WER FRISST WAS?** Alle Vögel lieben Sonnenblumenkerne? Weit gefehlt. Sie haben unterschiedliche Vorlieben. Eine Übersicht finden Sie hier oder unter www.m.kosmos.de/13456/t5

Im Viererpack Grünfinken verzehren große und kleinere Sämereien, ebenso die Blaumeise.

Reichlich gedeckt Die weichen, öl-haltigen Erdnüsse sind ein wertvolles Vogelfutter.

Begehrte Knödel Vier mit reichlich Saaten gespickte Fettkugeln haben im Knödelhalter Platz.

Wo wird gefüttert?

Die ideale Futterstelle hat eine Grundfläche von mindestens einem Viertelquadratmeter und in 30 cm Höhe ein Dach. Damit die Vögel in Ruhe vespern können, sollte das Futterhaus gut einseh-bar oder frei auf einem rund 1,5 m hohen, sehr glatten Kunststoff- oder Metallrohr stehen. Au-ßerdem gibt es dort noch spezielle Futterspen-der, die mit trockenen Sämereien und Erdnüssen gefüllt sind, sowie Meisenknödel ohne Plastik-netzchen im Spiralhalter. Für die Vögel, die über-dachte Futterhäuser schmähen und auch nicht turnen mögen, können Sie das Futter auch ein-fach auf dem Boden ausstreuen – wenn es nass wird, macht das nichts, solange kein Schimmel auftritt.

Was wird gefüttert?

Im Futterhaus oder Futterspender können Erd-nüsse, Sonnenblumenkerne, in Oliven- oder Sonnenblumenöl getränkte Hafer- oder Weizen-flocken, Hanf, Hirse und weitere kleinere Säme-reien angeboten werden, die in den meisten im Handel erhältlichen Futtermischungen enthalten sind. Sehr beliebt sind auch die speziellen Samen-mischungen für Sittiche und Kanarienvögel. Ge-treidekörner hingegen werden nur von wenigen Vögeln gefressen. Meisenknödel oder -ringe und ähnliches Fettfutter sind besonders bei Meisen beliebt, Apfelstücke und Rosinen bei Amseln. Die Rinde von Bäumen können Sie für Spechte und Kleiber mit Rindertalg bestreichen. Zaunkönige schätzen Mehlwürmer aus dem Zoofachhandel oder Bienenlarven vom Imker an einem versteck-ten Platz am Boden.

Bitte ernten Sie im Herbst keine Wildfrüchte, um sie als Vogelfutter zu trocknen – Vögel mögen die Früchte viel lieber direkt vom Baum, selbst im ge-frorenen Zustand. Sie können aber die feinen Sa-men von Brennnesseln, Löwenzahn und Acker-disteln sammeln, bevor sie im Mähgut landen.

Wer kommt?

Rund 100 Vogelarten sind bei uns ständige oder regelmäßige Gäste an den Futterstellen. Zu den eifrigsten Besuchern zählen Kohl- und Blaumei-sen, die sich gern an Meisenknödel und Meisen-ringe hängen. Grünfinken, Zeisige, Sperlinge, Amseln und Rotkehlchen sind ebenfalls häufige Gäste, während die bei uns so zahlreichen Buch-finken weniger ans Futterhaus kommen. Werden kleine Sämereien angeboten, so tauchen bald bunte Stieglitze auf. ■

Nistkästen
SELBST BAUEN

NISTKÄSTEN FÜR VÖGEL UND FLEDERMÄUSE können Sie selbst bauen, auch mit nur wenig handwerklichen Fähigkeiten und einfachem Werkzeug wie Hammer, Säge, Schraubenzieher und nichtrostenden Schrauben. Als Material eignen sich 18 mm starke Holzbretter von Fichte, Kiefer oder Tanne. Bretter von Obstkisten, Sperrholz oder Spanplatten sind ungeeignet.

Belassen Sie die Innenwände sägerau und nicht gehobelt, dann klettern Jungvögel leichter zum Flugloch und Fledermäuse können sich besser festkrallen. Die Fugen und Ritzen werden mit wasserfestem Leim oder Holzkitt abgedichtet, damit kein Regen und Wind eindringen können. Die Außenwände können Sie mit einer haltbaren, umweltfreundlichen Farbe streichen und aufs Dach wird Dachpappe getackert, so wird der Kasten haltbarer. Keine giftigen Holzschutzmittel verwenden! Um die Bäume zu schonen, sollten Sie die Nistkästen nur mit Alunägeln am Stamm anbringen. Ausrichtung nach Süden oder Südosten in 3 bis 5 m Höhe mit freiem Anflug.

SCHRITT FÜR SCHRITT ZUM NISTKASTEN: Die Fotoserie zeigt, wie der Kasten von S. 36 gebaut wird. Sie finden die Steps auch unter www.m.kosmos.de/13456/tb6

Wohnung bezogen Weil alte Bäume, Löcher und Risse in Gebäuden und Dächern fehlen, sind auch Haussperlinge über einen Nistkasten für den Nachwuchs dankbar.

Für Vögel

Der häufigste Nistkasten ist der geschlossene „Meisenkasten", in dem je nach Größe des Fluglochs verschiedene Vögel brüten: 26 bis 28 mm Durchmesser für Blau-, Tannen-, Hauben-, Sumpf- und Weidenmeisen, 32 mm Durchmesser für Kohlmeisen und Kleiber, 35 mm Durchmesser für Trauer- und Halsbandschnäpper, Feld- und Haussperlinge und oval (48 x 32 mm) für Gartenrotschwänze. Die Grundfläche sollte 13 x 13 cm sein, die Höhe vorne 24 cm, hinten 28 cm und das Dach vorne und seitlich deutlich überragen. In den Boden bohren Sie ein paar 4 mm große Löcher zum Belüften. Zum Reinigen im Herbst (wichtig!) ist die Vorderwand aufklappbar und wird mit einem Verschluss (Metallhebel „Wiener Reiber") gesichert.

Für Fledermäuse

Fledermäuse mögen es eng und warm. Bauen Sie einen flachen Kasten mit den Außenmaßen 40 x 30 x 8 cm, der den Tieren vorne und hinten Wandkontakt ermöglicht. Wenn Sie technisch so fit sind, darf sich der Innenraum nach oben auch auf 2 cm Tiefe verjüngen. Der Einschlupfspalt zwischen Boden und Vorderwand

ZUR FREUDE DER VÖGEL
Viele Vögel polstern ihr Nest gern mit Federn oder Tierhaaren. Da Bauernhöfe mit frei laufendem Geflügel selten geworden sind, können Sie während der Brutzeit von Frühjahr bis Frühsommer auch alte Bettfedern oder ausgekämmte Pferdehaare vom Reiterhof in einem leeren Meisenknödel- oder einem alten Orangennetz an einem Ast im Garten aufhängen – möglichst regengeschützt. Damit die Gartenvögel nicht in den Krallen Ihrer Katze enden, sollten Sie den Stubentiger mit einem Glöckchen oder Piepser versehen.

darf nur 2 bis 2,5 cm breit sein, sonst gelangen auch Vögel in den Kasten. Haben Sie Geduld, denn es kann lange dauern, bis Fledermäuse den Kasten annehmen. Wenn Sie ein Brettchen mit Fledermauskot auftreiben können, sollten Sie dies in den Kasten hängen – vielleicht geht die Besiedlung dann schneller. ∎

Ein ruhiges Plätzchen Wählen Sie für den Nistkasten auf alle Fälle einen katzensicheren Platz.

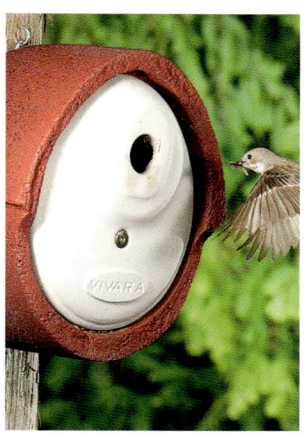

Lange Lebensdauer Nistkästen aus atmungsaktivem Holzbeton bieten eine optimale Behausung.

Eng und rau In solch schmalen Kästen fühlen sich Zwergfledermäuse, unsere häufigste Art, wohl.

Insektenhotel FÜR
WILDBIENEN & CO.

EIN INSEKTENHOTEL besteht aus einer Vielzahl unterschiedlich großer Hohlräume: bleistiftlange Schilf-, Stroh- und Bambushalme, Hartholzblöcke oder -stücke mit gebohrten Löchern (Durchmesser 2 bis 10 mm, so tief, wie der Bohrer hineinreicht, auf glatte Bohrränder achten), locker mit einem Gemisch aus Lehm, Ton und gehäckseltem Stroh gefüllte Tonrohre, alte Äste und Holzscheite, trockene Holunder-, Brombeer- und Himbeeräste, mit Holzwolle oder Lehm und Ton (Löcher reinbohren, dann trocknen lassen) gefüllte Tonblumentöpfe. Wildbienen, Grab-, Lehm- und Mauerwespen und andere Hautflügler legen einzeln Ei für Ei in diese engen Hohlräume, nachdem sie Pollen – manche Arten auch tote Spinnen, Blattläuse oder Raupen – als Nahrung für die schlüpfende Larve eingetragen haben. Wie groß Sie das Hotel bauen, bleibt Ihnen überlassen. Es kann nur aus einem Bündel Halme bestehen oder die Ausmaße eines Holzregals haben, das Sie mit den verschiedenen Bausteinen füllen. Ihrer Fantasie sind (fast) keine Grenzen

IN FÜNF SCHRITTEN ZUM INSEKTENHOTEL:
Die Fotoserie zeigt, wie ein Insektenhotel selbst gebaut wird. Sie finden die Steps auch unter www.m.kosmos.de/13456/tb7

Europaletten neu genutzt Bei ausreichend Platz im Garten, zum Beispiel in einem wilden Eck, können Sie einen großen Insektenhotelturm mit vielen Etagen aufstellen.

gesetzt – nur natürlich müssen die Materialien sein. Das Insektenhotel kommt an einen warmen, wind- und regengeschützten Platz im Garten oder auf dem Balkon. Ein kleines Dächlein dient als Regen- und Sonnenschutz.

Natürlich zählt

Erhalten Sie in Ihrem Garten auch natürliche Brutplätze für Wildbienen & Co. Dazu gehören sandhaltige Fugen zwischen Steinplatten, Geröllbeete, Steingärten sowie pflanzenarme Sand- und Kiesflächen, in denen der Nachwuchs von Sand- und Furchenbienen, Grab- und Wegwespen gedeihen kann. Sandige Stellen unterm Dachfirst sind das Jagdrevier von Ameisenlöwen, erkennbar an den 5 cm großen Trichtern im Sand, aus denen sich die florfliegenähnlichen Ameisenjungfern entwickeln. Weitere Insektenhilfen sind Hummel- und Hornissenkästen.

Winterhotels für Florfliegen und Marienkäfer

Diese Insekten und/oder deren Larven sind beliebte Blattlausjäger. Für Florfliegen füllen Sie ein Holzkästchen mit Weizenstroh und hängen es im Spätsommer regen- und windgeschützt mit der Öffnung nach vorne in 1,5 bis 2 m Höhe in einem Obstbaum oder an einer Mauer auf. Schaukeln sollte es nicht, rostrot angemalt zieht es Florfliegen noch mehr an. Vielleicht ziehen auch Ohrwürmer ein. Das Marienkäfer-Winterhotel ist ein Holzkasten, in dessen Wände Sie zahlreiche 8 mm starke Einschlupflöcher bohren, mit Holzwolle füllen und dann den Deckel verschließen. An einer geschützten, sonnigen bis halbschattigen Stelle aufstellen. ■

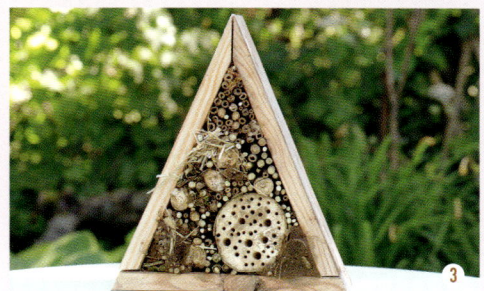

NISTHÄUSER IN VARIATIONEN

1. **Ein Ei pro Loch** Mauerbienen tragen im zeitigen Frühling Pollen in die Halmlöcher ein und legen pro Portion ein Ei hinzu.
2. **Zwischen Dachpfannen** Aufgeschichtete Bambus-, Schilf- und Strohhalme, auch hohle Pflanzenstängel bieten sich dafür an.
3. **Klein, aber fein** Ein Insektenhäuschen für den Balkon.

Duftende Kräuter Lassen Sie sie unbedingt aufblühen, denn die Blüten locken Unmengen an Faltern und anderen Insekten an.

Futterpflanzen FÜR
INSEKTEN & VÖGEL

NEKTAR- UND POLLENSUCHENDE INSEKTEN sind Gold wert: Über 80 Prozent unserer heimischen Blütenpflanzen sind auf Bienen, Hummeln, Schmetterlinge und andere Bestäuber angewiesen, um Früchte bilden zu können. Wir spüren diese Leistung der Blütenbestäuber erst, wenn sie fehlt – etwa, wenn Obstbäume üppig blühen, dann aber keine Früchte tragen. In unseren Kulturlandschaften gibt es mit Obstbäumen, Raps & Co. im Frühjahr recht viele Blüten, während es im Sommer mau aussieht. Auch in den Gärten wachsen vielfach exotische oder unfruchtbar gezüchtete Hybriden, wie etwa Zier-Kirschen oder Gefüllter Schneeball, deren sterile Blüten zwar hübsch aussehen, aber keinen Nektar, Pollen oder Samen anbieten. Und wo die Insekten rar werden, da haben es auch viele andere Tiere schwer oder bleiben fern.

Alles Gründe, die für mehr Insektenfutterpflanzen im Garten sprechen: z. B. Lavendel *(Lavandula)*, Sommerflieder *(Buddleja)*, Purpur-Sonnenhut *(Echinacea purpurea)*, Buschmalve *(Lavatera* olbia) und Raublatt-Aster *(Aster novae-angliae)* blühen bis in den Herbst hinein, ebenso einjähriger Buchweizen *(Fagopyrum esculentum)* und Bienenfreund *(Phacelia tanacetifolia)*.

Ernte für alle

Borretsch, Minze, Oregano, Salbei, Schnittlauch und Thymian sind beliebt bei Schmetterlingen, Bienen, Hummeln & Co., auch im Balkonkasten. Ernten Sie nur einen Teil der Blätter und lassen Sie die Kräuter auch zum Blühen kommen, damit Bienen, Schmetterlinge und andere Pollen- und Nektarsammler Nahrung finden. Gemüse wie Lauch oder Küchenzwiebeln sollten Sie auch bis zur Blüte stehen lassen – sie sind bei vielen

Wildbienen begehrt. Beliebte Vogelnährgehölze finden Sie auf S. 60. Viele Schmetterlinge und andere Insekten mögen überreife Früchte. Diese können Sie einfach hängen oder liegen lassen oder an einem Platz sammeln – beim Aufsammeln wegen der Wespen aufpassen!

Leckeres für Raupen

Zu den Raupenfutterpflanzen zählen alle heimischen Bäume und Sträucher. Brennnesseln gehören ebenso dazu wie Spitz-Wegerich, Hornklee und Wildgräser wie Schafschwingel, Aufrechte Trespe, Landreit-, Pfeifen- und Knäuelgras. Attraktive Futterpflanzen für Schmetterlinge und ihre Raupen finden Sie in der Tabelle. ◼

BELIEBTE FUTTERPFLANZEN FÜR SCHMETTERLINGE UND IHRE RAUPEN

Pflanze	wichtig für
Wiesen-Flockenblume *Centaurea jacea*	Brauner Waldvogel, Hauhechelbläuling, Kleiner Kohlweißling, Ochsenauge, Schachbrett, Widderchen und sechs weitere Arten
Wilde Karde *Dipsacus silvestris*	Admiral, Distelfalter, Kleiner Fuchs, Landkärtchen, Tagpfauenauge
Kugeldistel *Echinops spaerocephalus*	Distelfalter, Kleiner Fuchs, Landkärtchen, Tagpfauenauge
Natternkopf *Echium vulgare*	Dickkopffalter, Distelfalter, Kohlweißling, Weinschwärmer, Schwalbenschwanz
Wiesen-Witwenblume *Knautia arvensis*	Ochsenauge, Schachbrett, Schwalbenschwanz, Tagpfauenauge
Tauben-Skabiose *Scabiosa columbaria*	Admiral, C-Falter, Hauhechelbläuling, Ochsenauge, Schachbrett, Schwalbenschwanz, Taubenschwänzchen

Süßes tanken Während der Distelfalter an verschiedenen Blüten Nektar saugt, am liebsten an Distelblüten, ernähren sich die Raupen von Brennnesselblättern.

NATÜRLICHE & SCHONENDE *Gartenpflege*

Fliegen mit Schirm Zeisig, Stieglitz und weitere Vögel stehen auf Löwenzahn-, Vogelmiere- und andere Wildblumensamen.

VIEL GUTES FÜR DIE HEIMISCHEN TIERE UND PFLANZEN können Sie auch bei der Gartenpflege tun: Laissez-faire ist dabei die Maxime, denn ein blitzblank aufgeräumter, mit künstlichen Düngern, Unkraut- oder Insektenbekämpfungsmitteln traktierter Garten ist weitgehend leblos. Verzichten Sie auch auf eine Armada an Gartenmaschinen und geben Sie der Natur eine Chance.

Wachsen lassen

Lassen Sie Löwenzahn und andere Wildpflanzen wie Disteln oder Brennnesseln ihren Entwicklungszyklus vollenden und Samen bilden, denn diese werden gern von Vögeln gefressen. Wenn es Ihnen zu viele sind, sammeln Sie die Samen und packen Sie sie zum Vogelfutter. Kratzen Sie die Fugen in Pflastersteinen, Mauerritzen und anderen Spalten nicht aus oder rücken den Pflänzchen gar mit dem Flammenwerfer zu Leibe. Genießen Sie stattdessen das Grün zwischen den Steinen – Sie können sogar in den Fugen Samen ausstreuen und so ein bisschen beeinflussen, was dort wächst. Zimbelkraut sieht hübsch in Mauerritzen aus, ebenso Stein- oder Seifenkraut. Dass diese Fugen nicht mit Beton oder Zement verputzt werden, versteht sich von selbst, denn auch sandige oder kiesige Fugen sind Lebens- und Bruträume von Insekten.

Tierfallen vermeiden

Begehen Sie einmal Ihren Garten aus der Sicht der kleinen Tiere, vielleicht eines Igels. Wo könnten diese Tiere in eine Falle geraten, aus der sie sich nicht mehr befreien können? Licht- und Kellerschächte gehören hierzu, aber auch Kellertreppen. Sichern Sie diese Orte und sorgen Sie für Möglichkeiten, aus der Falle zu gelangen. Decken Sie die Regentonne nicht nur wegen kleiner Kinder ab, und auch auf die Öffnung des Fallrohrs in der Regenrinne gehört ein Stück Maschendraht, damit kein Vogel hinabstürzt.

Gartenlampen

Nachtfalter, Eintagsfliegen und etliche Käferarten werden von Licht geradezu magisch angezogen und finden so den Tod. Sparsam heißt das Gebot bei der Außenbeleuchtung von Haus und Garten. Wählen Sie Lampen mit geringen Blau- und UV-Lichtanteilen, deren Lichtkegel nach unten gerichtet ist und nicht in alle Richtungen scheint. Bauen Sie auch Zeitschaltungen, Dämmerungsschalter und Bewegungsmelder ein, um die Lichtmenge in der Nacht möglichst gering zu halten. Bodennahe Lampen werden weniger angeflogen als hoch angebrachte.

Von Hecken und Rasen

Da Hecken und Sträucher für Tiere besonders wichtig sind, ist es gesetzlich geregelt, wann Hecken und andere Gehölze geschnitten werden

dürfen: Vom 16. März bis zum 31. August sind Roden, Fällen, auf den Stock setzen etc. nicht erlaubt (variiert etwas von Bundesland zu Bundesland). Naturfreunde verzichten in dieser Zeit auch auf Gehölzschnittarbeiten und schneiden Hecken nur im Spätherbst oder am Winterende zurück, um die Tiere nicht zu stören. Beim Mähen von Rasen und Wiese sollten Sie sicherstellen, dass Sie keine Blindschleichen oder andere Tiere überfahren. ■

Schön achtsam In höheren Gras und Blumenwiese verbergen sich viele Tiere, auch Blindschleichen. Suchen Sie daher vor dem Rasenmähen die Fläche nach diesen Echsen ab.

Immer zeitgemäß Hecken, egal ob Schnitt- oder freiwachsende, bedürfen eines Rückschnitts. Auch wenn er nur sanft ausfällt, sollten Sie dabei auf brütende Vögel achten.

Gut vorbereitet DURCH DEN WINTER KOMMEN

DER WINTER IST FÜR DIE WILDTIERE die härteste Jahreszeit, in der es täglich ums Überleben geht: Die Nahrung ist knapp, die Temperaturen sind frostig und die Nächte lang. Kohlmeisen, die den Winter über bei uns bleiben, brüten zweimal jährlich mit bis zu zwölf Eiern – das macht rund 24 Küken pro Jahr, von denen kaum eines den ersten Winter überlebt. Halsbandschnäpper, die den Winter im Süden Afrikas verbringen, brüten nur einmal im Jahr – vier bis sieben Küken reichen, um den Bestand konstant zu halten, und das trotz interkontinentaler Flugreisen. Motivation genug, etwas für die Gartenvögel zu tun.

Gartenarbeiten im Herbst

Räumen Sie die Gemüsebeete im Herbst nicht ab und lassen Sie verblühte Stauden bis zum Frühjahr stehen. Zwischen den Pflanzen finden Insekten, Spinnen und andere Kleintiere wertvolle Winterquartiere und die Samen, sofern es welche gibt, sind begehrte Winterkost. Verbannen Sie die überlauten Laubsauger aus Ihrem Garten, denn der hungrige Schlund saugt unzählige Kleintiere ein, die wie Müll „entsorgt" werden. Greifen Sie lieber zum guten alten Rechen und rechen Sie das Laub unter die Sträucher, wo es liegen bleibt und auf natürliche Weise ver-

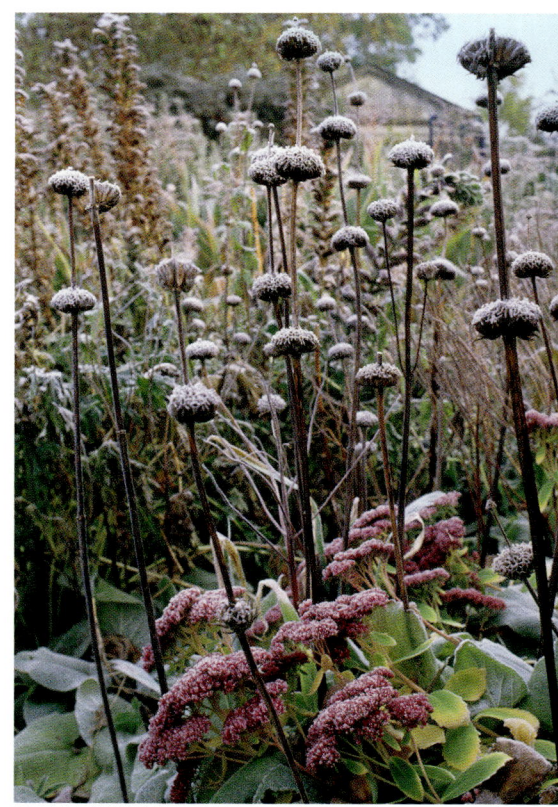

Stauden stehen lassen Auf abgeräumten Rabatten gibt es so gut wie keine schützenden Unterschlüpfe für Kleintiere.

rottet. Auch dort finden viele Tiere – Insekten, Spinnen, Lurche, Echsen, Igel – geeignete Winterverstecke. Räumen Sie das Laub auch im Frühjahr nicht weg! Schichten Sie den Gehölzschnitt zu einem Haufen: Reisig-, Kompost- sowie hohlraumreiche Steinhaufen sind ideale Überwinterungsplätze, in und unter denen beispielsweise Erdkröten gerne ruhen. Alte Äste und Baumteile sollten Sie erhalten, sofern sie nicht die Verkehrssicherheit gefährden oder Schaden anrichten könnten, denn in den Hohlräumen und Ritzen finden Tiere schützende Winterplätze: Baumläufer zum Beispiel oder Zaunkönige finden sich dort zu vielen in eiskalten Winternächten ein und kuscheln sich dicht beisammen. Im Spätsommer oder Frühherbst sollten Sie die Nistkästen säubern, damit darin Siebenschläfer überwintern oder Vögel (z. B. Kohlmeisen) in kalten Winternächten einen geschützten Platz finden.

Futter, ja bitte!

Versorgen Sie die Vögel, die in einer einzigen Frostnacht bis zu 20 Prozent ihres Körpergewichts verlieren können, wie in einem guten Hotel verlässlich (!) mit einem fettreichen

NEIN ZU GIFT!
Nacktschnecken ziehen sich gern unter Holzbretter oder -späne zurück, die zwischen den Beeten liegen. Sammeln Sie sie dort ab, wenn es zu viele Schnecken in Ihrem Garten gibt. Verzichten Sie auf Schneckenkorn! Die Schnecken verrecken elendig daran und können auch beim Igel, unserem beliebten Schneckenjäger, heftige Bauchschmerzen bis hin zum Tod verursachen. Auch Rattengift sollten Sie unbedingt im Garten vermeiden, ebenso wie Pflanzenschutz- und Unkrautvernichtungsmittel.

Auf Wohnungssuche Im zeitigen Winter zieht sich der Igel in sein Winterquartier zurück.

Frühstück (siehe S. 34). Damit die Vögel die Frühstücksplätze auch kennen, wenn es hart auf hart kommt, sollten Sie mit der Fütterung schon im Herbst beginnen, sofern Sie nicht ohnehin ganzjährig füttern. Eine Schale mit offenem Wasser spart den Vögeln weite Flüge zum Trinken.

Ein Platz für Igel

Ein Igelhaus hat die Innenmaße von 30 x 30 x 30 cm mit einem 10 x 10 cm großen Einschlupfloch und besteht aus Natur- oder Mauersteinen oder Holzplatten. Auch eine umgekehrt aufgestellte Holzkiste ergibt eine passende Unterkunft für Igel. Gegen Regen und Kälte schützt Dachpappe. Stellen Sie das Igelhaus ins Gebüsch, geben Sie ein paar Handvoll Laub hinein und bedecken Sie es mit Laub, Reisig, Erde oder Rasensoden. Igel schätzen eine solche Unterkunft nicht nur als Winterquartier, sondern nehmen es sogar im Sommer als Nest für die Jungenaufzucht an. Finden Sie im November einen jungen Igel, der auffallend unterernährt, krank oder verletzt ist, sollten Sie ihm helfen. Wenden Sie sich an eine Wildtierauffangstation, z. B. vom NABU, oder an Pro Igel (siehe S. 76). ◼

heimische Pflanzen & Tiere
PORTRÄTS

PFLANZEN- & TIERGRUPPEN

S. 50

Bäume & Sträucher

Gehölze sind wertvolle Pflanzen für Vögel, Insekten und viele andere Tiere, bieten sie doch neben Nahrung reichlich Nist- und Brutplätze, Versteckmöglichkeiten und Schatten.

S. 54

Stauden & Blumen

Bunte Blüten erfreuen nicht nur das Gärtnerherz, sondern locken durch Nektar und Pollen auch reichlich Schmetterlinge, Bienen, Hummeln, Käfer und Fliegen an. Wählen Sie möglichst heimische Wildblumen und verzichten Sie auf sterile Zuchtsorten. Wenn dann noch von Frühling bis Herbst viele verschiedene Blumenformen und -farben in Ihrem Garten blühen und gedeihen, fühlen sich viele Tiere darin wohl.

S. 60

Wilde Früchtchen im Garten

Kornelkirsche, Schwarzer Holunder, Vogelbeere und Gemeine Berberitze gehören zu den Top 5 unter den heimischen Wildfruchtsträuchern für Vögel, doch auch wir lieben die süßen bis herben, zum Teil roh ungenießbaren Früchte.

S. 64

S. 70

Bunte Edelsteine der Lüfte

Schmetterlinge ziehen uns magisch an, bezaubern sie doch mit ihren schillernden Farben und dem gaukelnden Flug von Blüte zu Blüte. Mit Schmetterlingen zieht der Sommer in Ihren Garten ein. Lernen Sie ein paar Falter kennen, die auch Ihren Garten besuchen.

Amsel, Drossel, Fink und Star ...

... und die ganze Vogelschar: Vögel gehören zu den auffälligsten und beliebtesten Tieren im Garten. Wenn morgens ein fröhliches Vogelkonzert erklingt, wenn Meisen akrobatisch am Futterknödel turnen und ein Grauschnäpper im Schuppen brütet, geht unser Herz auf. Die häufigsten finden Sie hier.

S. 72

Bienen & Co.

Insekten sind ungemein wichtige Tiere in unseren Lebensräumen. Bienen, Schmetterlinge und Käfer bestäuben die Blüten, Marienkäfer und die Larven von Flor- und Schwebfliegen räumen bei Blatt- und anderen Läusen auf.

FÜR *Gartengehölze*
MENSCHEN & TIERE

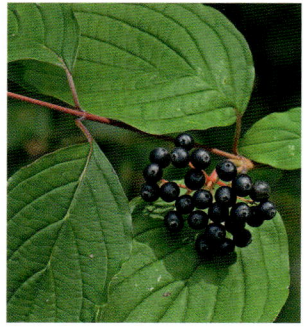

Feld-Ahorn
Acer campestre

Merkmale Bis zu 15 m hoher Strauch oder Baum, typisch drei- bis fünflappige Blätter mit gelber, oranger und roter Herbstfärbung, unauffällig gelbgrüne Blüten im Mai, geflügelte Früchte.

Standort Wenig anspruchsvoll, windfest, schnittverträglich. Ideale Pflanze für Hecken.

Besonderes In der dicht verzweigten Krone finden Vögel gute Nistplätze. Die schmackhaften Blätter und Früchte bieten vielen Tieren eine ausgezeichnete Nahrung.

Hainbuche
Carpinus betulus

Merkmale Bis zu 25 m hoher Baum mit ovalen Blättern, die sich im Herbst gelb färben, im Winter lang am Zweig bleiben (Sichtschutz). Blütenkätzchen im Juni, nussartige Früchte.

Standort Wenig anspruchsvoll, toleriert Hitze und Trockenheit, schnittverträglich. Ideale Pflanze für Formschnitthecken.

Besonderes Bietet gute Nist- und Brutplätze und Windschutz. Kernbeißer und Eichelhäher lieben die harten Früchte, Raupen ernähren sich von den Blättern.

Roter Hartriegel
Cornus sanguinea

Merkmale Bis zu 5 m hoher Strauch, junge Zweige rot, rotes Herbstlaub, weiße Blüten im Mai/Juni, schwarze Steinfrüchte (roh ungenießbar).

Standort Hitzetolerant, windfest, stadtklimatauglich.

Besonderes Die Blätter werden von den Raupen des Brombeerzipfelfalters und Faulbaum-Bläulings gefressen, die Blüten locken kleine Fliegenarten an. Seidenschwänze, Drosseln und Kleinsäuger mögen die Früchte. Im Geäst verstecken sich Tiere. Wurzelausläufer verfestigen den Boden.

Zum Glück gibt es auch zahlreiche niedrig wachsende Bäume mit schma-
len Kronen, die genauso gut in die heutigen Gärten passen wie Sträucher.
Ihr Geäst bietet zahlreichen Tieren einen unersetzlichen Lebensraum.

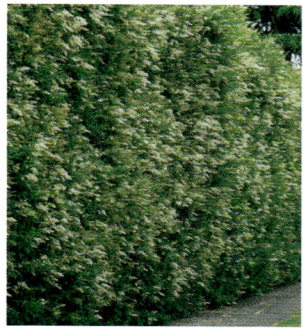

Pfaffenhütchen
Euonymus europaeus

Merkmale Bis zu 6 m hoher Strauch oder Baum mit hell-grünen Blüten im Mai/Juni und rosa bis roten Kapsel-früchten mit sehr giftigen Sa-men von August bis Oktober.
Standort Sonnige bis halb-schattige Plätze, windfest.
Besonderes Schwebfliegen, Sand- und Honigbienen besu-chen die Blüten. Die Früchte locken Vögel an. Treten Ge-spinstmotten oder Schwarze Bohnenläuse auf, verzichten Sie auf den Einsatz von In-sektiziden, der Strauch erholt sich selbst nach Kahlfraß.

Faulbaum
Frangula alnus

Merkmale Bis zu 3 m hoher robuster, raschwüchsiger Strauch oder Baum, von Mai bis August kleine weiße Blü-ten, erbsengroße, giftige Früchte von Juli bis Oktober.
Standort Anspruchslos, be-vorzugt eher schwere Böden.
Besonderes Die Raupen von Schmetterlingen fressen gern seine Blätter. Die Blüten lo-cken viele Bienen, Wespen, Käfer und den Kleinen Eis-vogel (Falter) an, die wieder-um von Vögeln als Nahrung für die Küken erbeutet wer-den.

Liguster
Ligustrum vulgare

Merkmale Bis zu 7 m hoher Strauch mit weißen Blüten im Juni/Juli und schwarz-violetten giftigen Steinfrüch-ten ab September/Oktober.
Standort Sonnig bis halb-schattig, schnittverträglich, stadtklimatauglich.
Besonderes Eignet sich gut für Formschnitthecken, bietet geschützte Brut- und Nistplät-ze. Bienen, Hummeln und Fliegen bestäuben die duften-den, nektarreichen Blüten. Grünfink, Dompfaff und Mönchsgrasmücken mögen die erbsengroßen Früchte.

Rote Hecken-kirsche
Lonicera xylosteum

Merkmale Bis zu 3 m hoher Strauch, weißlich gelbe Blüten im Mai/Juni, glänzend rote ungenießbare Doppelbeeren-früchte im August/September.
Standort Sehr anspruchslos, auch für schattige Plätze.
Besonderes Vögel lieben die-sen wunderschönen Strauch, weil er Insekten anlockt und im Herbst mit Früchten auf-wartet, die besonders bei Dom-pfaff, Wacholderdrossel und Kernbeißer begehrt sind. Rau-pen von Kleinem Eisvogel, Maivogel, Schönbär und ande-ren Schmetterlingen ernähren sich von den Blättern, die hin und wieder auch die Fraßspu-ren von Minierfliegenlarven aufweisen. Die Blüten sind bei Faltern begehrt.

Apfelbaum
Malus domestica

Merkmale Bis zu 10 m hoher Baum (je nach Unterlage) mit rosa-weißen Blüten im April/Mai und aromatisch duften-den Äpfeln von Spätsommer bis Herbst (sortenabhängig).
Standort Frischer, tiefgründi-ger Boden an luftfeuchtem, sonnigem Platz.
Besonderes Die Blüten locken Bienen, Schwebfliegen und Hummeln an. Die Blätter wer-den von Raupen und dem Gar-tenlaubkäfer gefressen, die Früchte stehen auf dem Speise-zettel von Igel, Siebenschläfer & Co. Bevorzugen Sie regio-nale Sorten, wobei Sie auf die passenden Bestäubersorten achten müssen. Auch der Holz-Apfel *(M. sylvestris)* ist ein hüb-sches Gehölz für Wildstrauch-hecken, gleichzeitig ein guter Bestäuber von Kulturäpfeln.

Wildrosen
Rosa-Arten

Merkmale Bis zu 3 m hohe Sträucher mit stacheligen Zweigen, weiße bis rosarote Blüten von Mai bis Juli, orange bis scharlachrote Hagebutten im September/Oktober.
Standort Meist anspruchslos, eher für sonnige Plätze.
Besonderes Wichtige Brut-und Nährgehölze für Vögel, denen bestachelte Äste guten Schutz bieten. Von den Blät-tern ernähren sich die Raupen verschiedener Schmetterlinge (z. B. Kleines Nachtpfauenau-ge), kreisrunde Löcher stam-men von Blattschneiderbienen. Die pollenreichen Blüten lo-cken Blattrosenkäfer, Honig-bienen, Grabwespen, Stein-hummeln und andere Insekten an. Igel, Grünfinken, Dom-pfaffe, Kernbeißer und andere Vögel stehen auf Hagebutten.

Sal-Weide
Salix caprea

Merkmale Bis zu 5 m hoher Strauch oder kleiner Baum mit unterseits behaarten Blättern, Blütenkätzchen ab Februar.
Standort Feuchte, nährstoffreiche Böden an sonnigen bis halbschattigen Plätzen.
Besonderes Die „Palmkätzchen" sind eine erste und wichtige Bienennahrung im zeitigen Frühjahr, da sonst erst wenige Blüten geöffnet sind. Da sich die Raupen von Trauermantel, Großem Fuchs, C-Falter und mindestens 60 weiteren Tag- und Nachtfaltern von den Blättern ernähren, gilt sie zudem als wichtige Schmetterlingspflanze. Der Moschusbock lebt vom Saft dieser Weide, seine Larven gedeihen im Holz. Außerdem bietet der dicht wachsende Strauch vielen Tieren Deckung und Sichtschutz.

Schwarzer Holunder
Sambucus nigra

Merkmale Bis zu 7 m hoher Strauch oder Baum. Gefiederte Blätter, weiße duftende Schirmblüten im Juni, schwarze Steinfrüchte ab August (gekocht essbar).
Standort Anspruchslos, robust, hell.
Besonderes Wichtiges Nist- und Nährgehölz für Vögel. Rosenkäfer, Bienen und andere Insekten besuchen die pollenreichen Blüten, Vögel (v. a. Mönchsgrasmücke) und Kleinsäuger ernähren sich von den Früchten. Die Blüten ergeben einen schweißtreibenden Tee, die Früchte einen mineralstoff- und vitaminreichen Saft. Wuchs früher vor jedem Bauernhaus zum Schutz vor Bösem und als Haussegen.

Gemeiner Schneeball
Viburnum opulus

Merkmale Bis zu 4 m hoher Strauch. Weiße Blüten im Mai/Juni, rote Steinfrüchte ab September (leicht giftig).
Standort Feuchte Böden im Halbschatten.
Besonderes Die äußeren großen Blüten sind unfruchtbar, nur die kleineren inneren Blüten enthalten Pollen und Nektar. Da züchterische Sorten meist nur aus sterilen Scheinblüten bestehen, sollten Sie auf diese verzichten. Die Blätter werden von Schneeballblattkäfern und den Raupen des Ligusterschwärmers gefressen. Neben bestäubenden Insekten besuchen Bockkäfer, Blumenwanzen und Dickkopffliegen die Blüten, Seidenschwänze lieben die Früchte.

Stauden UND BLUMEN

Glockenblumen
*Campanula-*Arten

Merkmale Polsterartig niedrige oder aufrecht hochwüchsige Staude mit glockenförmigen Blüten in Weiß, Blau, seltener Rosa, von Mai bis August.
Standort Sonnig, halbschattig.
Arten Die rund 300 verschiedenen Arten mit den nektarhaltigen, duftenden Blüten passen gut in Wildblumengärten. Die kleinwüchsigen *C. cochleariifolia* und *C. carpatica* zieren Steingarten und Trockenmauer, die höherwüchsigen *C. glomerata, C. latifolia* (Bild) und *C. persicifolia* gedeihen im Bauerngartenbeet.

Lerchensporn
Corydalis cava

Merkmale Wird bis zu 35 cm hoch, violette oder weiße Blüten mit langem Sporn in Trauben von März bis Mai, giftig.
Standort Halbschattig, anspruchslos, unter Gehölze oder Hecken pflanzen.
Besonderes Langrüsselige Bienen gelangen an den Nektar im Sporn der pollenreichen Blüten, kurzrüsselige beißen gern dazu den Sporn auf. Die Samen besitzen weiße Anhängsel (Ameisenbrötchen), die sehr nährstoffreich sind und von Ameisen ins Nest transportiert werden.

Frühlings-Krokus
Crocus vernus

Merkmale Bis zu 15 cm hohe Zwiebelpflanze, weiß bis hellviolett, von Februar bis Mai, giftig.
Standort Sonnig bis halbschattig, anspruchslos. In Gruppen auf Rasen, Beeten und am Gehölzrand.
Besonderes Bienen und Hummeln sammeln den reichlichen Nektar und Pollen. Ameisen verbreiten die Samen, sodass Krokusse manchmal dort wachsen, wo sie nicht gesetzt wurden. Laub bis zum Einziehen stehen lassen, Rasenflächen frühestens Ende Mai mähen.

Bunte Blumenbeete gehören in jeden Garten. Wählen Sie möglichst heimische, ungefüllte Wildblumen, denn sie bieten den Insekten Nektar und Pollen und locken dadurch Vögel, Igel, Eidechsen und andere Tiere an.

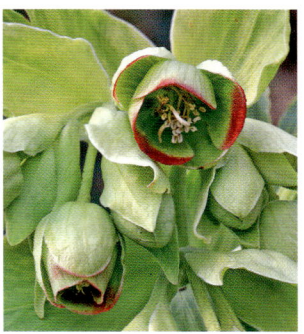

Roter Fingerhut
Digitalis purpurea

Merkmale Bis zu 1,5 m hoch, hell- bis dunkelrote Röhrenblüten von Juni bis August, sehr giftig.

Standort Halbschattig, einzeln oder in Gruppen am Gehölzrand, im Bauerngarten.

Besonderes Wächst in der freien Natur in lichten Wäldern, vermehrt sich an zusagenden Plätzen selbst durch Aussaat. Die Farbflecken in der nektarhaltigen Blüte täuschen Staubbeutel vor und locken Hummeln an. Bei kleinen Kindern auf Fingerhut im Garten verzichten (tödlich giftig).

Wilde Karde
Dipsacus fullonum

Merkmale Bis zu 2 m hoch wachsende Staude mit stacheligen, hellvioletten Blütenköpfchen im Juli/August.

Standort Sonnig, auf frischem, nährstoffreichem Boden.

Besonderes Die nektarreichen bizarren Blüten locken Hummeln, Schmetterlinge und andere Insekten an. In den Blatttüten, die am Blattansatz am Stängel entstehen, sammelt sich Regenwasser; es hält Insekten davon ab, den Stängel zu erklimmen. Abgestorbene Pflanzen über den Winter stehen lassen.

Christrose
Helleborus niger

Merkmale Wird nur bis zu 25 cm hoch, bildet Horste. Die weißen Blüten mit gelblichgrünen Honigblättern erscheinen von Dezember bis April.

Standort Halbschattig, unter Sträuchern, am Gehölzrand.

Besonderes Blüht schon, wenn die meisten Blumen noch Winterruhe halten. Liefert Hummeln, die schon an mäßig warmen Spätwintertagen fliegen, gute Pollennahrung. Die dichten, bodennahen Blätter bieten Unterschlupfmöglichkeiten für Insekten, Spinnen und andere Kleintiere über den Winter.

Taubnessel
Lamium-Arten

Merkmale Wird bis zu 50 cm hoch mit Lippenblüten von März bis Oktober.

Standort Hell bis halbschattig, auch für Blumenwiesen geeignet, da es abgemäht werden kann.

Besonderes Tief im Blütengrund ist der süße Nektar (40 % Zucker) verborgen, an den nur langrüsselige Hummeln gelangen. Hummeln mit einem kurzen Rüssel beißen darum gern die Röhre seitlich an und klauen den Nektar. Durch das deutlich sichtbare Loch gelangen dann auch Honigbienen an den Nektar. Die Samen von *L. purpureum* (purpurrote Blüten) besitzen nahrhafte Ölkörper, mit denen Ameisen angelockt werden. *L. album* blüht weiß, *L. maculatum* rot, *L. galeobdolon* gelb.

Hornklee
Lotus corniculatus

Merkmale Wird bis zu 30 cm hoch, leuchtend gelbe Schmetterlingsblüten von Mai bis August, giftig.

Standort Sonnig, für Wildblumenwiesen und Böschungen geeignet.

Besonderes Die Raupen verschiedener Bläulinge und Widderchen (Falter) ernähren sich nur von den Blättern des Hornklees, während Honigbienen und viele Wildbienen die Blüten zum Nektarsaugen besuchen. Da in seinen Wurzelknöllchen Bakterien enthalten sind, die Stickstoff binden können, trägt der Hornklee zur Bodenverbesserung bei – und das bis in 1 m Tiefe, denn seine Wurzeln reichen so weit ins Erdreich hinein. Daher ist Hornklee auch in Klee-Gras-Gemischen enthalten.

Wilde Malve
Malva sylvestris

Merkmale Bis zu 1 m hohe Staude mit großen rosavioletten oder dunkelpurpurfarbenen Blüten von Juni bis Oktober. Im Herbst scheibenförmige Früchte.

Standort Sonnig auf durchlässigem Boden.

Besonderes Die Wilde Malve fügt sich schön in Bauerngartenrabatten ein, z. B. in Gruppen gepflanzt mit Rittersporn, Sporn- und Glockenblumen. Von den Malvenblättern ernähren sich die Raupen des schlichten Malvendickkopffalters, Bienen naschen die reichlichen Nektarquellen der Blüte. Wählen Sie die Wildart oder ungefüllte Sorten.

Weitere Art Ebenso hoch wird die Moschus-Malve (*M. moschata*) mit helleren Blüten.

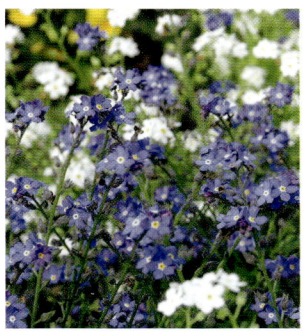

Vergissmeinnicht
Myosotis sylvatica

Merkmale Wird bis zu 30 cm hoch, himmelblaue Blütchen mit gelblichem oder orangem Auge von April bis Juni.
Standort Sonnig, auf lockerem Boden, sät sich an zusagenden Plätzen selbst aus.
Besonderes Das gelbliche bis orange Auge im Zentrum der Blüte ist eine perfekte Staubbeutelattrappe, mit der langrüsselige Insekten angelockt werden. Tief im Kelch sitzt der Nektar, der nur durch eine schmale Öffnung erreicht werden kann.
Weitere Arten Das Sumpf-Vergissmeinnicht *(M. palustris)* blüht an feuchten Stellen bis August, das Acker-Vergissmeinnicht *(M. arvensis)* an trockenen Plätzen sogar bis Oktober.

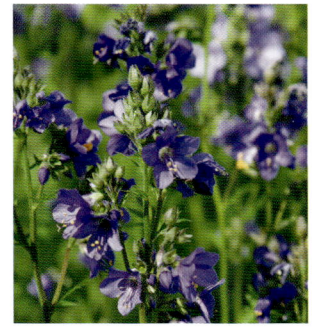

Himmelsleiter
Polemonium caeruleum

Merkmale Wird bis zu 80 cm hoch, Blätter erinnern an eine Leiter (Name), himmelblaue Blüten in langen Rispen im Juni/Juli.
Standort Sonnig bis halbschattig, auf feuchten, nährstoffreichen Böden.
Besonderes Dieser hübsche Frühsommerblüher wirkt in einem Natur- oder Bauerngarten besonders attraktiv. Weil seine leuchtenden Blüten sowohl feinen Nektar als auch nahrhafte Pollen liefern, werden sie häufig von verschiedenen Insekten besucht. Wilde Vorkommen auf feuchten Wiesen, an Bächen und Flüssen sind geschützt. Für den Garten können Sie unter verschiedenen Sorten mit Blüten in Weiß oder verschiedenen Blautönen wählen.

Wiesen-Salbei
Salvia pratensis

Merkmale Bis zu 60 cm hoch wachsende Staude mit dunkel- oder violettblauen Lippenblüten von Mai bis August.
Standort Sonnig und warm.
Besonderes Krabbelt eine Hummel oder Biene in die nektarreiche Blüte hinein, bedient sie einen Hebelmechanismus, mit dem sie ein Staubbeutelpaket auf den Rücken gesetzt bekommt – und zwar an die Stelle, an denen sich diese Insekten nicht putzen können. Salbei gehört auch zu den Schmetterlingspflanzen: Etliche Raupen ernähren sich von den Blättern, z. B. die vom Kleinen Nachtpfauenauge, Purpur- und Russischen Bär.
Weitere Arten Spanischer Salbei *(S. lavandulifolia)*, Garten-Salbei *(S. officinalis)*, Muskateller-Salbei *(S. sclarea)*.

DUFTENDE *Kräuter*

Ysop
Hyssopus officinalis

Merkmale Bis zu 60 cm hoher Halbstrauch mit dunkelgrünen Blättern und blauvioletten, weißen oder rosa Lippenblüten im Juli/August.
Standort Anspruchslos, sehr sonniger Platz auf eher trockenem Boden.
Besonderes Gehörte er in den mittelalterlichen Klostergärten zu den wichtigsten Heilpflanzen, ist der Ysop heute etwas in Vergessenheit geraten. Einer seiner vielen Namen lautet Bienenkraut – ein Hinweis auf die hervorragende Bienenweide dieser Gewürzpflanze. Auch Schmetterlinge können Sie mit Ysop anlocken.

Zitronen-Melisse
Melissa officinalis

Merkmale Bis zu 80 cm hohes Kraut mit brennnesselähnlichen Blättern, die nach Zitrone duften. Von Juni bis August kleine weiße bis rosalila Lippenblüten in den Blattachseln.
Standort Anspruchslos, sonnig bis halbschattig auf frischem, nährstoffreichem Boden.
Besonderes Die Melisse trägt die Biene in ihrem Namen, er bedeutet „Pflanze, die den Bienen Honig spendet". So schwärmen zur Blütezeit unzählige Honigbienen um diese Pflanze, die früher in der Nähe von Bienenstöcken angepflanzt wurde.

Obwohl viele Gewürz- und Heilkräuter aus dem Mittelmeerraum stammen, besuchen Schmetterlinge, Hummeln, Wild- und Honigbienen gern die nektarreichen Blüten von Lavendel, Rosmarin, Salbei & Co.

Wilder Dost, Oregano
Origanum vulgare

Merkmale Bis zu 90 cm hohes Kraut mit hellrosa Lippenblüten in dichten Köpfchen von Juli bis September.

Standort Sehr sonniger, warmer Platz auf eher trockenem Boden, nicht düngen!

Besonderes Die beliebte Heil- und Gewürzpflanze lockt mit duftendem Laub und nektarreichen Blüten Insekten an. Honigbienen bestäuben die Blüten, aber auch Schmetterlinge wie Ochsenauge, Perlmutterfalter oder Schachbrettfalter saugen gern den süßen Nektar. Die Raupen des Purpurbärs (Falter) ernähren sich von den Blättern.

Thymian
Thymus vulgaris

Merkmale Bis zu 50 cm hoher Zwergstrauch mit ledrigen Blättern, auch im Winter. Blassrosa bis weiße Lippenblüten von Juni bis September.

Standort Sehr sonniger Platz auf eher trockenem Boden, Staunässe vermeiden.

Besonderes Der würzig duftende Thymian vertreibt, am Rand von Gemüse- und Blumenbeeten gepflanzt, Läuse, Schnecken und die Raupen des Kohlweißlings, lockt aber die von Thymianwidderchen und Englischem Bär an. Honigbienen, Wildbienen, Hummeln und Schmetterlinge besuchen die nektarreichen Blüten.

Wertvolle Winterkost Vögel fressen nach den ersten Frösten die Früchte der Vogelbeere, wenn sie nicht mehr bitter sind.

Wilde Früchte? HER DAMIT!

HABEN SIE GEWUSST, DASS WILDSTRÄUCHER voller Leben stecken? Tiere von A wie Amsel bis Z wie Zitronenfalter leben im dichten Geäst der Sträucher, in denen sie reichlich Deckung, Nistplätze sowie dank Blättern, Blüten und Früchten das ganze Jahr über Nahrung und Schutz finden. Doch das sind nicht die einzigen Pluspunkte für die Früchte tragenden, ökologisch wertvollen Wildsträucher. Da sie von Natur aus bei uns wachsen, sind Wildsträucher unempfindlich, anspruchslos, widerstandskräftig und pflegeleicht. Ihre Schönheit präsentieren sie rund ums Jahr – hellgrüne Knospen und reizvolle Blüten im Früh-ling, satte Grün-töne im Sommer, bunte Blätter und vor allem Früchte im Herbst, die sogar bis in den Winter am attraktiven Geäst bleiben. Wildsträucher zeigen sich auch von ihrer lebendigen Seite, locken sie doch unzählige Tiere an – die Sie und Ihre Kinder zu spannenden Beobachtungen und Entdeckungen einladen. Da manche Wildfrüchte auch für uns sehr schmackhaft sind, stehen im Spätsommer und Herbst feine Ernten an: Kochen Sie doch einmal Vogelbeeren mit Apfelstückchen, Zucker nach Geschmack und ein bisschen Cognac ein und servieren Sie dieses Kompott zu Hackbraten oder Wild.

Eine kleine Auswahl von A bis Z

Neben den in den Porträts auf den Seiten 50 bis 53 schon genannten Arten wie Gewöhnlicher Liguster, Schwarzer Holunder und Wildrosen erfreuen sich die Tiere auch an den folgenden Wildfruchtsträuchern:

- **Berberitze:** Ökologisch wertvoll für Insekten, Vögel und Kleinsäuger; bietet Nahrung, Schutz sowie Nist- und Brutplätze.
- **Gemeine Felsenbirne:** Mit Blüten für Insekten und Früchten für Vögel.
- **Efeu:** Wertvolle Bienenweide im Herbst, Früchte für Vögel im Winter und im zeitigen Frühjahr, giftig.
- **Haselnuss:** Trotz Windbestäubung besuchen viele Bienen die Blüten, Vogelschutzgehölz. Eichhörnchen, Siebenschläfer, Kleiber und andere Tiere lieben die Früchte.
- **Himbeere:** Insekten besuchen die Blüten, die Früchte werden von Vögeln und Kleinsäugern gefressen; an widerlich schmeckenden Himbeeren haben Wanzen genascht.
- **Kornelkirsche:** Gutes Vogelnähr- und Schutzgehölz. Hummeln, Wild- und Honigbienen besuchen die Blüten, Haselmaus, Siebenschläfer und verschiedene Vögel fressen im Frühherbst die Früchte.
- **Mispel:** Gute Bienenweide, Vögel brüten darin.
- **Quitte:** Hervorragende Bienenweide.
- **Schlehe:** Dank Dornen wichtiges Vogelschutz- und -nährgehölz. Blätter werden von zahlreichen Schmetterlingsraupen gefressen (z. B. Segelfalter, Nachtschwalbenschwanz, Pflaumenzipfelfalter), Insekten besuchen die Blüten und Vögel ernähren sich von den blaubereiften Früchten.
- **Steinweichsel:** Gute Bienenweide, Nahrungspflanze für Segelfalterraupen, Vögel stehen auf die Früchte.
- **Trauben-Kirsche:** Ökologisch wertvoll für Bienen, Fliegen und andere Insekten. Vögel fressen die Früchte.
- **Vogelbeere:** Blütenbesucher sind Bienen und andere bestäubende Insekten. Früchte als Winterkost für Vögel und Kleinsäuger hängen lassen.
- **Weißdorn:** Vogelnähr- und Nistgehölz.

Sauerdorn Zweitname der Berberitze wegen der säuerlichen Früchte

Haselnüsse Die feinen Nüsse sind beliebt bei Mensch und Tier.

Kornelkirsche Vögel schätzen die auch für uns essbaren Früchte.

HEIMISCHE *Säugetiere*

Igel
Erinaceus europaeus

Merkmale Plumper Körper mit kurzen Beinen und spitzen, braungeringelten Stacheln.
Lebensweise Mit lauten Schnauflauten geht der Igel nachts auf Nahrungssuche, vor allem nach Regenwürmern und Schnecken, im Herbst auch nach Obst und Beeren. Dann sind auch die kleinen Igel unterwegs, die im Juli/August auf die Welt kommen. Bis zum Winteranbruch müssen sie mind. 700 g wiegen. Igel verbringen den Tag und ihren Winterschlaf in einem Versteck aus Zweigen und Laub. Sie brauchen durchlässige Zäune, um von Garten zu Garten zu gelangen.

Maulwurf
Talpa europaea

Merkmale Walzenförmiger, samtig schwarzer Körper mit großen Grabschaufeln.
Lebensweise Obwohl der Maulwurf im Boden Jagd auf Regenwürmer und Insektenlarven (Engerlinge) macht und Pflanzenwurzeln verschmäht, ist er bei vielen Gärtnern nicht beliebt – zu Unrecht. Zum einen läuft er die meiste Zeit die Gänge seines bis zu 200 m langen Tunnelsystems auf der Suche nach Nahrung ab, ohne Maulwurfshaufen aufzuwerfen, zum anderen stammen Erdhaufen in Rasenflächen im Siedlungsgebiet häufig von Wühlmäusen.

Neben Wildtieren wie Siebenschläfern, Spitzmäusen und Mäusen, Wild-
kaninchen, Steinmardern, Rotfüchsen und den Arten auf dieser Seite wird
Ihr Garten auch von Haustieren besucht: Katzen zum Beispiel.

Zwergfledermaus
Pipistrellus pipistrellus

Merkmale Knapp daumenlang und nur 5 g
schwer mit bräunlichem Fell und kleinen Ohren.
Lebensweise Diese fast kleinste heimische Fledermaus findet selbst in den engsten Spalten von
Mauern, Fassaden und Rollladenkästen Unterschlupf, wo sich bis zu mehrere Dutzend Tiere
tagsüber eng aneinanderschmiegen. Die Zwerg-
fledermaus jagt gern im Schein von Straßenlampen nach kleinen Insekten, im Herbst können
Sie sie abends beobachten. Hält Winterschlaf.
Wichtig: Verstecke am Gebäude erhalten. Sich
in Räume verirrende Tiere sind harmlos.

Eichhörnchen
Sciurus vulgaris

Merkmale Rotbraunes bis schwarzes Nagetier mit
langem buschigem Schwanz.
Lebensweise In baumreichen Gärten können die
putzigen Nager recht zutraulich werden. Wenn
es ihnen zu bunt wird, fliehen sie rasch auf einen
Baum. Den Stamm klettern sie dank spitzer Krallen genauso schnell hoch wie kopfunter hinab,
meterweite Sprünge von Geäst zu Geäst gelingen
dank Balancier-Schwanz. Sammeln im Herbst
Eicheln, Nüsse und andere Baumfrüchte, fressen
auch Insekten, Schnecken, Vogeleier und -junge.
Kugelförmiges Baumnest aus Zweigen.

Vögel RUND UMS HAUS

Buntspecht
Dendrocopos major

Merkmale Schwarz-weißes Gefieder, Männchen rot im Nacken, fliegt wellenförmig.

Lebensweise Häufigster heimischer Specht, der besonders im Winterhalbjahr in baumreiche Gärten kommt. Er sucht Baumstämme nach Insekten ab, die er mit seinem Meißelschnabel freilegt, im Winter hackt er auch Fichtenzapfen auf. Auch Futterstellen (Meisenknödel) besucht er gern. Da er jedes Jahr eine neue Baumhöhle hämmert, schafft er wertvollen Brutraum für Meisen, Kleiber, Fledermäuse.

Zaunkönig
Troglodytes troglodytes

Merkmale Winziger, rundlicher Vogel mit braunem Gefieder und keck aufgestelltem Schwanz.

Lebensweise In gebüsch- und krautreichen Gärten fühlt er sich wohl und huscht wie eine Maus durchs Dickicht. Er ernährt sich von Insekten, Spinnen, Regenwürmern, kleinen Beeren und Samen. Seinen trillerreichen Gesang kann man rund ums Jahr hören. Im Frühjahr schlüpfen die winzigen Küken in dickwandigen Mooskugelnestern, in dem sie vom Weibchen aufgezogen werden.

Rotkehlchen
Erithacus rubecula

Merkmale Rundlicher Körper mit großen Augen und orangeroter Brust, Kehle und Gesicht.

Lebensweise Liebt Gärten mit dichtem Gebüsch. Es baut sein gut getarntes Nest bodennah unter Pflanzenbüschel oder Wurzeln. In Bodennähe sucht es nach Insekten und anderen Kleintieren und ist auch gern zur Stelle, wenn Sie den Boden umgraben. Rotkehlchen singen sehr melodisch, auch nachts oder winters im Schein von Straßenlampen, und werden dann gern mit einer Nachtigall verwechselt.

Vögel gehören zu den beliebtesten Gästen im Garten, erfreuen sie uns doch mit ihren Rufen und Gesängen.

WER SINGT DENN DA? Die Rufe und Gesänge der zwölf beliebten, auf den Seiten 64 bis 67 vorgestellten Gartenvögel können Sie sich hier anhören oder unter www.m.kosmos.de/13456/d8

Hausrotschwanz
Phoenicurus ochruros

Merkmale Rostroter Schwanz, Männchen schwarzgrau, Weibchen mausgrau gefärbt.

Lebensweise Hat die Häuserfassaden als Ersatzbrutraum für Felsen entdeckt, kommt heute in jeder Siedlung vor. Er brütet unter Dachziegeln, in Mauernischen oder aufgehängten Halbhöhlenkästen. Ende Oktober verschwindet er und zieht im zeitigen Frühjahr aus dem Mittelmeerraum wieder zu uns zurück. Dann ertönt sein gepresst kratziger Gesang schon in der Morgendämmerung vom Dachfirst.

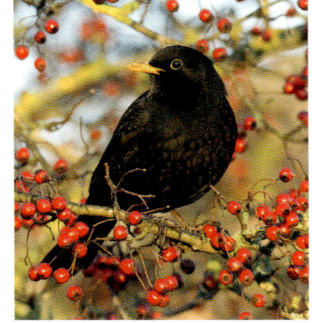

Amsel
Turdus merula

Merkmale Männchen schwarz mit gelbem Augenring und Schnabel, Weibchen bräunlich.

Lebensweise Der bekannteste Gartenvogel lebte früher recht scheu in Wäldern, dabei lässt er sich leicht beim Singen oder Nestbau beobachten. Findet man blaugrüne Eischalen, stammen sie von der Amsel. Bis zu vier Mal brütet die Amsel im Jahr, jedes Mal in einem neu gebauten Nest. Sie besucht gern Futterstellen mit Apfelschnitzen, Rosinen, Maiskörnern und in Fett getränkten Haferflocken.

Mönchsgrasmücke
Sylvia atricapilla

Merkmale Braun. Männchen mit schwarzem, Weibchen mit rotbraunem Kopf.

Lebensweise Die Männchen fallen durch ihren Gesang mit zwitschernden, flötenden Tönen auf, der leise beginnt und kräftig endet. Wenn sie sich dem im niedrigen Gebüsch gebauten Nest nähern, ertönen Warnrufe, die wie zwei aufeinandergeschlagene Steine klingen. Im Sommer ernähren diese Vögel sich von Insekten, im Herbst und Frühjahr von Beeren (z. B. Efeu). Wegzug im Oktober, Rückkehr Ende März.

Kohlmeise
Parus major

Merkmale Schwarz-weißer Kopf und gelb-grau-grünlicher Körper.

Lebensweise Schon an den ersten sonnigen Spätwintertagen ertönt das „Zizibä" der Kohlmeise durchs blattlose Geäst. Diese häufigste heimische Meise, die geschickt in den Zweigen auf der Suche nach kleinen Insekten (etwa Frostspannerraupen für die Küken) herumturnt, bekommen man am meisten unter allen Gartenvögeln zu Gesicht. Sie brütet in Baumhöhlen, nimmt Nistkästen an (Durchmesser des Fluglochs: 3,2 cm). Wie die kleinere blau-gelb-grünliche Blaumeise besucht auch die Kohlmeise Futterstellen und liebt Meisenknödel, Sonnenblumenkerne und Erdnüsse, frisst aber auch verschiedene Samen.

Kleiber
Sitta europaea

Merkmale Oben blaugrau, unten orangebraun, schwarzer Augenstreifen.

Lebensweise Der Kleiber ist der einzige Vogel Europas, der dank seiner übergroßen, spitz bekrallten Füße einen Baumstamm nicht nur hinauf, sondern kopfvoran auch hinablaufen kann. Wie ein Specht klopft er die Baumrinde nach Insekten und deren Larven ab. Für den Winter versteckt er auch Samen (z. B. Erdnüsse und Sonnenblumenkerne vom Futterhaus) in den Rindenritzen. Wie Meisen brütet der Kleiber in Baumhöhlen oder Nistkästen, verklebt aber zu große Öffnungen mit feuchter Erde. Außerdem polstert er den Boden der Höhle nicht mit weichen Gräsern aus, sondern mit Holzstückchen.

Star
Sturnus vulgaris

Merkmale Schwarz schillernd während der Brutzeit, sonst weiß gesprenkelt (Perlstar), dunkler Schnabel.

Lebensweise Stare sind auch heute noch für aufgehängte Nistkästen dankbar, brüten aber auch in Baumhöhlen. Sie ernähren sich recht vielseitig von Insekten, Würmern und Früchten. Vom ähnlichen Amselmännchen lassen sich Stare durch den dunklen Schnabel und die Gangart unterscheiden: Sie hüpfen nicht am Boden, sondern schreiten. Die geselligen Vögel sind selten allein anzutreffen, bilden im Herbst sogar große Schwärme. Stare können hervorragend Stimmen imitieren und bauen andere Vogelstimmen, Handy-, Rasenmäher- und andere Töne in ihren Gesang mit ein.

Haussperling
Passer domesticus

Merkmale Braun-gräulich, Männchen mit grauem Scheitel und kräftigem Schnabel.
Lebensweise Wenn vielstimmiges Tschilpen aus dichtem Gebüsch ertönt, dann hat sich dort ein Spatzenpulk niedergelassen. Sperlinge haben eine Vorliebe für Getreide: Ungeniert nähern sie sich Krümeln unter Tischen. Die geselligen Vögel leben in allen Städten, obwohl es ihnen zu Zeiten von Pferdeäpfeln und nischenreichen Gebäuden besser ging. Heute ist ihr Vorkommen stark rückläufig. Darum sollten Sie katzensichere Nistkästen für Spatzen aufhängen, am besten einzeln, denn in Spatzenreihenhäusern nisten sie nicht nebeneinander. Weiterhin helfen ein Vogelbad und mit Sand gefüllte Schalen.

Buchfink
Fringilla coelebs

Merkmale Männchen zur Brutzeit sehr bunt, Weibchen blasser, beide mit zwei auffallenden weißen Flügelbinden.
Lebensweise Die eher weniger auffallenden Singvögel tauchen selten am Futterhaus auf und flüchten bei Annäherung sofort ins nächste Geäst. Dennoch ist der Buchfink der häufigste Brutvogel bei uns, der überall dort lebt, wo Bäume stehen. Von dort ertönt auch ab Ende Spätwinter der typische Finkenschlag „pink" und „Würzgebier". Sein napfförmiges Nest baut das Weibchen in die Baumkronen. Während die Jungen auf Insektenkost stehen, ernähren sich die Erwachsenen eher pflanzlich (Samen), ab Herbst auch von Bucheckern und Baumfrüchten, die sie am Boden suchen.

Grünfink
Carduelis chloris

Merkmale Gelbgrün, heller Schnabel, Weibchen blasser.
Lebensweise Im dichten Geäst von immergrünen Hecken bauen die Grünfinken schon recht zeitig im Jahr ihr Nest aus dünnen Ästchen und Moos, innen gepolstert mit Federn und Haaren. Dank ihres kräftigen Schnabels können sie auch härteste Früchte knacken, ernähren sich aber ebenso von Blüten, Blättern, Samen und Früchten (Hagebutten). In einem Garten mit reichlich Wildblumen und -kräutern finden sie Nahrung. Ihren kanarienvogelähnlichen Gesang tragen die Männchen im Frühjahr von erhöhten Stellen oder im fledermausähnlichen Flug vor. Besucht auch Futterstellen (Sonnenblumenkerne, Erdnüsse).

Kriechtiere UND LURCHE

Blindschleiche
Anguis fragilis

Merkmale Bis zu 45 cm langer, schlangenähnlicher Körper mit kleinen, glänzend grauen oder braunen Schuppen.

Lebensweise Die harmlose Blindschleiche ist eine beinlose Echse, keine Schlange. Sie sonnt sich gern auf warmen Wegen (wird dort leider oft überfahren), bevorzugt es sonst aber eher kühl und feucht. Im Garten hält sich die eifrige Schneckenjägerin unter Holz- und Steinhaufen, flachen Trittsteinen oder beim Kompost auf. Sie bringt im August/September lebende Junge zur Welt, überwintert in Verstecken.

Zauneidechse
Lacerta agilis

Merkmale Bis zu 25 cm lang, Männchen im Frühjahr grün, Weibchen braun mit hellen Streifen.

Lebensweise Sonnig und warm müssen die Plätze sein, an denen sie sich wohlfühlen. Außerdem brauchen sie in unmittelbarer Nähe schützende Verstecke für Sommer und Winter sowie weichen Boden für die Eiablage. Da Katzen in unseren Siedlungen die größten Eidechsenfeinde sind, sollte der Garten möglichst katzenfrei sein. Ist das alles gegeben, wärmen sich die hübschen Echsen morgens in der Sonne auf und gehen dann flink auf die Jagd nach Insekten und Spinnen.

Trotz recht weniger Arten, die bei uns heimisch sind, kommen doch etliche Reptilien und Amphibien regelmäßig in Gärten vor. Sie benötigen wilde Ecken mit Holz- und Steinhaufen, Kompost und Wasser.

Teichmolch
Lissotriton vulgaris

Merkmale Bis zu 11 cm lang, Männchen im Sommer mit orangem Bauch und Rückenkamm, Weibchen und in Landtracht unauffälliger.
Lebensweise Molche verbringen Frühjahr und Sommer im Wasser, Herbst und Winter hingegen an Land. Mit dem Wechsel der Lebensräume ist ein Gestaltswandel verbunden – aus bunten Wassertieren werden gut getarnte Landtiere. In Gartenteichen können Sie ihn bei der Jagd auf Wasserflöhe und andere kleine Wasserbewohner beobachten. Die Eier werden einzeln an Wasserpflanzen gelegt.

Grasfrosch
Rana temporaria

Merkmale 6,5 bis 10 cm langer, brauner Körper mit dunklem Fleck hinter dem Auge.
Lebensweise Grasfrösche sind die ersten Lurche, die schon Ende Februar massenhaft am Laichgewässer auftauchen. Da ihnen die Schallblasen fehlen, gurren die Männchen nur leise. Nach dem Laichen verschwinden sie wieder aus dem Gewässer und verbringen den Rest des Jahres an Land. Gibt es im Garten dichtes, feuchtes Gebüsch, so geht der Grasfrosch dort nachts und bei Regenwetter auf Insekten-, Schnecken- und Regenwurmjagd.

Schmetterlinge
ZARTE FALTER

Hausmutter
Noctua pronuba

Merkmale Brauner Falter mit orangegelben Hinterflügeln. Spannweite bis zu 6 cm.
Lebensweise Dieser häufige Nachtfalter verbringt den Tag gern im Haus oder Keller und wartet dort auf die nächste Nacht. Wird er aufgescheucht, fliegt er sofort auf. Dabei blitzen die orangen Hinterflügel auf und erschrecken manchen Fressfeind. Die dunkelbraunen bis grünen, haarlosen Raupen ernähren sich von Gräsern und Kräutern. Sie überwintern und verpuppen sich im folgenden Frühjahr.

Taubenschwänz-chen
Macroglossum stellatarum

Merkmale Massig, graubraun mit orangen Hinterflügeln. Spannweite bis zu 4,5 cm.
Lebensweise Obwohl das Taubenschwänzchen zu den Nachtfaltern gehört, ist es meist tagsüber unterwegs. Wie ein Kolibri schwirrt es von Blüte zu Blüte und saugt mit seinem langen Rüssel Nektar. Ab Mai regelmäßig bei uns zu sehen. Dank Klimaerwärmung gelingt die Überwinterung bei uns zunehmend häufiger.

Tagpfauenauge
Inachis io

Merkmale Rotbrauner Tagfalter mit Augenzeichnungen. Spannweite bis zu 6 cm.
Lebensweise Saugt Nektar an vielen Blüten und legt die Eier gruppenweise auf die Unterseite von Brennnesselblättern. Die schwarzen Raupen leben gemeinsam in einem schützenden Gespinst. Nach drei Wochen verpuppen sie sich, zwei Wochen später schlüpfen die Falter. Tagpfauenaugen überwintern auch in kühlen Kellern oder Dachböden, sie gehören zu den ersten Faltern, die im Frühjahr fliegen.

Wie bunte Edelsteine gaukeln Schmetterlinge durch den Garten – sofern wir ihnen nektarreiche Blüten und, noch wichtiger, den Raupen die richtigen Futterpflanzen bieten. Denn ohne Raupen keine Schmetterlinge!

Kleiner Fuchs
Aglais urticae

Merkmale Orangebraun mit schwarz-gelb-blauem Fleckenmuster. Spannweite bis zu 5 cm.
Lebensweise Weil die schwarzen Raupen mit den gelben Längsstreifen Brennnesseln fressen, gehört dieser Tagfalter zu den häufigen Schmetterlingen. Im Februar besuchen die Falter, die in frostfreien Verstecken überwintert haben, die ersten Blüten. Eiablage auf jungen Brennnesselblättern. Vögel verschmähen die behaarten Raupen, verzehren aber die Puppen, aus denen ab Juni die zweite Generation schlüpft.

Kohlweißling
Pieris brassicae

Merkmale Gelblich-weiß, Weibchen mit zwei schwarzen Punkten. Spannweite bis zu 6,5 cm.
Lebensweise Er legt zwar seine Eier auf Kapuzinerkresse, Kreuzblütler und Kohlgewächse, aber die gelb-schwarzen Raupen ernähren sich vor allem von den äußeren Blättern, die ohnehin meist entsorgt werden. Zum Verpuppen wandern die Raupen zu Mauern oder Steinen. Viele Raupen werden mit den Eiern der Brackwespe belegt, deren Larven sich im Innern der Kohlweißlingsraupen entwickeln.

Schwalbenschwanz
Papilio machaon

Merkmale Spektakulär schwarzgelb gemustert, mit blauer Binde. Spannweite bis zu 7,5 cm.
Lebensweise Die grünen Raupen mit dem schwarz-orangen Muster fressen auch Möhren-, Fenchel- und Dillblätter. Bei Bedrohung stülpen sie eine leuchtend gelbe Nackengabel aus, die unangenehm riecht. Die Falter zeigen ein beeindruckendes Balzverhalten („Hilltopping"): Sie versammeln sich auf Bergkuppen, wo sie ihre Balzflüge aufführen. Jährlich gibt es zwei bis drei Generationen.

MEHR NÜTZLICHE
Insekten & Spinnen

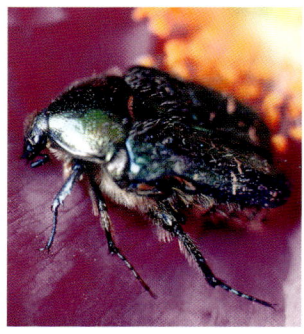

Lederlaufkäfer
Carabus coriaceus

Merkmale Bis zu 4 cm langer, mattschwarzer Käfer mit gerunzelten Flügeldecken.
Lebensweise Früher war der Lederlaufkäfer, die größte unter zahlreichen Laufkäferarten, bei uns sehr häufig, heute besucht er deutlich seltener unsere Gärten. Am Boden jagt er vor allem nachts Schnecken, Würmer, Insekten und frisst Aas. Wenn er sich bedroht fühlt, verspritzt er wie alle Carabus-Arten ein stinkendes Sekret aus seinen Analdrüsen. Er kann auch schmerzhaft zubeißen.

Siebenpunkt-Marienkäfer
Coccinella septempunctata

Merkmale Rot mit sieben schwarzen Punkten.
Lebensweise Unter den rund 80 heimischen Marienkäferarten ist er der bekannteste und häufigste. Sein gutes Image hat er sich verdient, weil sowohl der Käfer als auch seine länglichen, bläulich grauen Larven mit den gelben Punkten eifrige Blattlausjäger sind. Ein Käfer frisst bis zu 90 Blattläuse am Tag, die Larve während ihrer mehrwöchigen Entwicklungszeit über 600.

Rosenkäfer
Cetonia aurata

Merkmale Bis zu 2 cm lang, leuchtend metallisch grün.
Lebensweise Die weißen Larven (Engerlinge) entwickeln sich ein bis zwei Jahre lang im Kompost. Sie ernähren sich von zersetzendem Pflanzenmaterial und tragen zur Verrottung bei. Dann verpuppen sie sich zum fertigen Käfer, den man häufig auf Blüten von Rosen, Holunder, Weißdorn und Schneeball sieht. Zum Fliegen werden die zarthäutigen Hinterflügel aus seitlichen Öffnungen herausgestreckt.

Unüberschaubar ist die Anzahl an Insekten- und Spinnenarten, die in einem Naturgarten leben. Darum werden hier nur ein paar interessante Arten vorgestellt, deren Anwesenheit im Garten sehr geschätzt wird.

Honigbiene
Apis mellifera

Merkmale Bis zu 1,4 cm (Königin bis zu 2 cm) lang, braun.

Lebensweise Unter den über 550 heimischen Bienenarten ist diese die einzige, die als „Haustier" gehalten wird. Ein Volk besteht aus bis zu 80 000 Arbeiterinnen, die während ihres Lebens nacheinander verschiedenen Aufgaben nachgehen. Lage der Futterquelle und Ergiebigkeit werden tanzend weitergegeben. Honigbienen sind wichtige Bestäuber. Nur Arbeiterinnen können stechen, ihr Gift ist zehnmal stärker als das der Hornisse.

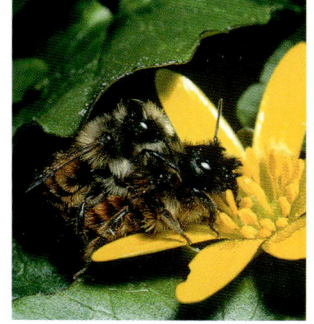

Rote Mauerbiene
Osmia rufa

Merkmale Bis zu 1,2 cm lang, behaart, am Hinterleib orangebraun.

Lebensweise Bildet wie die meisten anderen Wildbienen keine Staaten. Schon im zeitigen Frühjahr sucht sie nach Löchern in Totholz, Mauerritzen und hohlen Pflanzenstängeln, in die sie Pollen einträgt. Dann legt sie ein Ei auf den Vorrat. So entstehen in den belegten Röhren hintereinander Brutzellen, die vorne mit feuchtem Lehm verschlossen werden. Im folgenden Frühjahr schlüpfen die jungen Wildbienen.

Erdhummel
Bombus terrestris

Merkmale Bis zu 2 cm lang, stark behaart, gelb-schwarz mit weißem Hinterende.

Lebensweise Bei uns leben ca. 30 ähnliche Hummelarten. Mit ihrem langen Rüssel gelangt die Erdhummel auch an den tief im Blütenschlund verborgenen Nektar. Nur die Königinnen überwintern und erscheinen an den ersten wärmeren Märztagen. Dann gründen sie in verlassenen Mäusebauen, Vogelnestern oder Gebäudehohlräumen einen neuen Staat, der im Sommer auf bis zu 600 Arbeiterinnen anwächst.

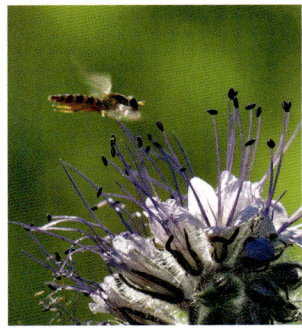

Baumwanze
Pentatoma rufipes

Merkmale Bis zu 1,5 cm langer, dunkelbrauner Körper mit gelborangem Fleck.

Lebensweise Einen schildförmigen Körper besitzen zahlreiche Wanzen, so auch die Grüne Stinkwanze oder die Rotbraune Beerenwanze. Während diese Wanzen jedoch an Beeren saugen, saugt die Rotbeinige Baumwanze an Eiern, Larven und Puppen verschiedener Insekten. Daneben ernährt sie sich vom Saft in den Knospen, Trieben und Früchten verschiedener Laubbäume. Da sich diese Wanzen vom Licht anziehen lassen, fliegen sie gern abends und nachts in beleuchtete Zimmer. Bitte fangen (Becher überstülpen, Papier unterschieben) und draußen wieder freilassen.

Florfliege
Chrysoperla carnea

Merkmale Bis zu 2 cm langer, zarter, grüner Körper mit durchsichtigen Flügeln.

Lebensweise Tagsüber versteckt sich die Florfliege zwischen Pflanzen, erst bei Dunkelheit wird sie aktiv und besucht verschiedene Blüten. Aus den stecknadelkopfgroßen weißen Eiern, die an langen Stielen auf Blätter gelegt werden, schlüpfen die schlanken, bräunlichen Larven. Sie sind als Blattlauslöwen bekannt, denn sie ergreifen Blattläuse mit ihren großen zangenförmigen Mundwerkzeugen und saugen sie aus. Im Herbst verfärben sich die Florfliegen braun und suchen frostfreie Verstecke, auch im Haus, zum Überwintern auf. Im Frühjahr sind die Florfliegen dann wieder grün.

Schwebfliege
Episyrphus balteatus

Merkmale Bis zu 1,2 cm langer Körper mit gelb-schwarz gestreiftem Hinterleib.

Lebensweise Die knapp 1 cm langen, fuß- und augenlosen madenförmigen Larven sind eifrige Blattlausjäger. Sie durchbohren in der kurzen Entwicklungszeit bis zur Verpuppung täglich bis zu 80 Blattläuse, die sie in nur einer Minute leer saugen. Trotz ihrer wespenähnlichen Färbung sind Schwebfliegen harmlos und ernähren sich von Nektar und Pollen. Die hervorragenden Flieger können sogar in der Luft stehen bleiben. Schwebfliegen überwintern auf Huflattich oder an Weiden und gehören im Frühjahr zu den ersten Insekten, die unterwegs sind. Etwa 400 Schwebfliegenarten sind bei uns heimisch.

Kreuzspinne
Araneus diadematus

Merkmale Bis zu 1,4 cm groß, weißes Kreuz auf dem Hinterleib.

Lebensweise Unter den etwa zehn heimischen Kreuzspinnenarten ist die Gartenkreuzspinne die bekannteste und häufigste. Sie baut ihre großen, kunstvollen Radnetze in Gebüschen, vor Fenstern und in der Nähe von Straßenlaternen, die alle zwei Tagen aufgefressen und neu gebaut werden. Nachts sitzt die Spinne kopfunter im Netzzentrum. Sie ergreift jedes Beutetier, das sich im Netz verfangen hat, und lähmt es mit einem giftigen Biss. Das Gift verflüssigt das Körperinnere, das die Spinne aufsaugt. Kreuzspinnen sind für Menschen harmlos, denn ihre Giftklauen können unsere Haut nicht durchdringen.

Zebraspring-spinne
Salticus scenicus

Merkmale Bis zu 7 mm lang, schwarz-weiß gestreift.

Lebensweise Springspinnen bauen keine Netze, sondern ziehen lauernd umher. Obwohl deutlich größer, gehören Fliegen zu den häufigsten Beutetieren dieser kleinen Springspinne, der bekanntesten unter Hunderten von heimischen Arten. Mit ihren beiden riesigen Haupt- und den sechs Nebenaugen kann diese Spinne Beute bis in 40 cm Entfernung wahrnehmen. Dann schleicht sie sich an, befestigt einen Sicherheitsfaden am Untergrund und springt plötzlich auf die Beute los. Meist sind diese hübschen Spinnen auf Mauern, Fensterbänken und Hauswänden zu entdecken.

Weberknecht
Leiobunum-Arten

Merkmale Bis zu 8 mm großer kugeliger Körper mit acht sehr langen, sehr dünnen Beinen.

Lebensweise Zur Jagdbeute der Weberknechte gehören winzige Insekten und Milben, die meist ziemlich rasch auf Pflanzen und im hohen Gras unterwegs sind. Häufig sitzen sie auch auf Hauswänden oder an Baumstämmen. Weberknechte sind keine Echten Webspinnen, denn sie besitzen keine Spinndrüsen. Die Beine fallen leicht ab und zucken dann noch weiter – so kann der Weberknecht fliehen, während mögliche Fressfeinde noch vom zuckenden Bein abgelenkt werden. Außerdem können sie bei Bedrohung oder beim Angriff ein stinkendes Sekret mit lähmender Wirkung aus Drüsen abgeben.

Nützliche Adressen

Vereine und Verbände

BUND
Bund für Umwelt und Naturschutz Deutschland
Telefon: 0 30 / 27 58 64-0
E-Mail: bund@bund.net
www.bund.net
- Setzt sich u. a. für den Schutz bedrohter Arten und ökologische Landwirtschaft ein, organisiert z. B. Mitmach-Aktionen wie Schmetterlinge zählen, Abenteuer Faltertage oder Aktion Stadtnatur.

NABU
Naturschutzbund Deutschland e.V.
Telefon: 0 30 / 28 49 84-60 00
www.NABU.de
- Setzt sich für die Natur und den Erhalt der biologischen Vielfalt ein, z. B. durch Mitmach-Aktionen wie die Stunde der Gartenvögel, Krötenwanderung und Batnight, gibt Infos zu Tieren und Pflanzen, Nisthilfen, Vogelfutter, Igel-, Frosch- und Krötenhäusern, Fledermauskästen, Insektenhotels u. a.

Naturgarten
Verein für naturnahe Garten- und Landschaftsgestaltung e.V.
Telefon: 0 71 31 / 64 99 99 6
E-Mail: geschaeftsstelle@naturgarten.org
www.naturgarten.org
- Adressen, Beratung und Naturgarten-Hotline für Einsteiger und Experten, mit Veranstaltungskalender, z. B. Exkursionen und Lehrgänge über Gartengestaltung, Korbflechten, Insekten, Wasser und Vögel im Winter u. a.

Pro Igel
Verein für integrierten Naturschutz Deutschland e. V.
Igel-Hotline: 0 18 05 / 555-95 51
www.pro-igel.de
- Beratung für Igelfinder, Informationen zu Lebensraum, Verhalten, Aufzucht, Winterschlaf, Erste Hilfe, Igelhäuser selbst gemacht u. a.

Die deutsche Wildtierstiftung
Telefon: 0 40 / 7 33 39-18 80
info@DeutscheWildtierStiftung.de
www.deutschewildtierstiftung.de
- Mitmach-Aktionen wie Vögel richtig füttern, Rettet den Spatz, Spatzenfreundlicher Garten, Flyer zum Runterladen über Feldhamster, Kreuzspinne, Spatzen u. a., Online-Shop für Nisthilfen und Futterhäuschen für Vögel und Insekten, Fledermaushöhle, Krötenhaus, Eichhörnchen-Futterstation, Igel-Haus, Bio-Schneckenfalle, Insektenhotel u. a.

Naturschutzprodukte

Bird pen
Telefon: 0 91 61 / 88 39 30-0
www.birdpen.de
- Filzstift, mit dem man einen weitgehenden Schutz vor Vogelschlag an Glasflächen sehr einfach selbst herstellen kann (für Menschen nahezu unsichtbar).

Denk Keramische Werkstätten

Telefon: 0 95 63 / 20 28
E-Mail: info@denk-keramik.de
www.denk-keramik.de

- Tierschutzprodukte aus Keramik, z. B. Vogeltränke, Futterdach für Meisenknödel, Nisthilfen, Häuser für Kleintiere und Insekten u. a.

Feliwa – der Naturshop

Telefon: 08 21 / 5 08 88 15
E-Mail: bestellung@feliwa.de
www.feliwa.de

- Online-Shop für natürlichen Sichtschutz aus Weide und Hasel, Vogelhäuser, Vogelnistkästen, Insektenhotel, Schmetterlingskästen, Kästen und Häuser für Eichhörnchen, Fledermäuse, Igel und andere Kleintiere u. a.

Klaus Hasselfeldt Naturschutz

Telefon: 0 46 27 / 18 49 61-62
E-Mail: info@hasselfeldt-naturschutz.de
www.hasselfeldt-naturschutz.de

- Nisthöhlen für Vögel, Fledermauskästen, Kästen für Insekten, Amphibienschutzzäune u. a.

Schwegler Vogel- und Naturschutzprodukte GmbH

Telefon: 0 71 81 / 9 77 45-0
E-Mail: info@schwegler-natur.de
www.schwegler-natur.de

- Nisthilfen für Vögel, Vogelfutter, Fledermausquartiere, Insektenschutz, Spinnenrahmen, Ameisen-Beobachtungsstein, Amphibien-Schutzzaun, Igelschutz u. a.

Naturschutzbedarf Strobel

Telefon: 03 44 91 / 8 18 77
E-Mail: info@naturschutzbedarf-strobel.de
www.naturschutzbedarf-strobel.de

- Online-Fachhandel für Naturschutzartikel: Nisthilfen, z. B. für Höhlenbrüter, Sperlinge oder Schwalben, aber auch für Falken und Eulen, Kästen für Fledermäuse und Insekten wie Florfliegen, Ohrwürmer u. a.

Vivara Naturschutzprodukte

Bestellung: 0 18 03 / 84 82 72
Kundenbetreuung: 0 18 05 / 84 85 71
E-Mail: info@vivara.de
www.vivara.de

- Online-Shop für Vogelfutter, Vogelfuttersysteme, Nistkästen, Wassertränken; Kästen und Häuser für Igel, Eichhörnchen, Fledermäuse, Bienen, Schmetterlinge, Amphibien; Ferngläser, Beobachtungskameras u. a.

Die Autorin

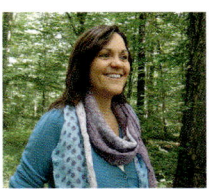

Bärbel Oftring hat mit Kopf und Herz Biologie studiert, streift gern durch Wald, Wiese, Feld und Flur und bringt Gärtnern und Nichtgärtnern die Wunder der heimischen Natur näher. Mehr Natur in unsere Gärten zu bringen, damit sich Mensch, Tier und Pflanze wohlfühlen, ist ihr ein besonderes Anliegen.

Register

Hervorgehobene Seitenzahlen verweisen auf Abbildungen.

IMPRESSUM

Bildnachweis

Mit 139 Farbfotos von

Heiko Bellmann, Lonsee: 75 Mi.; Otmar Diez, Sulzthal: 23, 42, 56 li.; Digitalstock: 31 u.re.; Flora Press: 7 u. li.; Flora Press/
BIOSPHOTO: 24, 64 Mi.; Flora Press/Botanical Images: 2, 4/5, 14, 15 li., 26; Flora Press/Flowerphotos: 49 u.li.; Flora Press/
Focus On Garden/Borstell: 21 u.li.; Flora Press/GAP: 3 li., 8, 12, 19 o., 25, 27, 28/29, 35 re., 38, 40, 43 (beide), 69 re.; Flora
Press/The Garden Collection: 3 re., 18 li., 37 li., 41; 44, 45, 63 li., 46/47; Flora Press/Helga Noack: 13 u., 39 Mi., 52 re.; Flora
Press/Ursula Pechloff: 6; Flora Press/Practical Pictures: 18 re., 30 li.; Flora Press/Dieter Schinner: 21 o.re.; Flora Press/Visions:
35 Mi., 55 Mi.; Fotolia/Alekss: Umschlaginnenseite; Fotolia/Ingo Bartussek: 32; Fotolia/Mario Bobertz: 75 li.; Fotolia/Otto
Durst: 65 li.; Fotolia/Alexander Erdbeer: 64 re.; Fotolia/giuliospera: 13 o.; Fotolia/K.-U. Häßler: 49 o., 67 (alle drei); Fotolia/
hfox: 66 li.; Fotolia/Ichbins11: 74 re.; Fotolia/Karin Jähne: 66 Mi.; Fotolia/Valeriy Kalyuzhnyy: 7 u.re.; Fotolia/S.R.Miller: 65
Mi.; Fotolia/mradlgruber: 62 re.; Fotolia/Scarlet:74 li.; Fotolia/Martin Schlecht: 71 re.; Fotolia/scis65: 49 u.re.; Fotolia/yellowj:
72 Mi.; Gartenschatz, Stuttgart: 48, 50 (alle drei), 51 li., 52 Mi., 53 (alle drei), 54 li., 54 Mi., 55 re., 56 Mi., 56 re., 57 li., 57 Mi.,
58 (beide), 59 (beide), 60, 61 (alle drei), 64 li., 66 re., 70 Mi., 70 re., 71 li., 71 Mi., 73 li., 73 re.; Rudolf König, Preetz: 17 u.li.;
22 re., 57 re., 68 (beide), 72 li., 72 re., 73 Mi.; Sibille Victoria Müller, Raubach: 7 o., 20; Pixelio/Hein-Glueck: 63 re.; Reinhard-
Tierfoto/Hans Reinhard, Heiligkreuzsteinach-Eiterbach: 11, 15 re., 16, 19 u., 22 li., 33 u.re., 34, 39 o., 51 re., 54 re., 55 li., 69
li., 70 li., 74 Mi., 75 re.; Reinhard-Tierfoto/Nils Reinhard, Heiligkreuzsteinach-Eiterbach: 9, 10, 17 o.re., 62 li.; Roland Spohn,
Engen: 51 Mi., 52 li.; Annette Timmermann, Kalübbe: 18 Mi., 31 o.li., 33 o.li., 36, 39 u.; Vivara Naturschutzprodukte: 30 re.,
35 li., 37 re., 37 Mi.; Peter Zeininger, Lohhof: 65 re.

Impressum

Umschlaggestaltung von Gramisci Editorialdesign, München unter Verwendung eines Farbfotos von Flora Press/
GAP/Tim Gainey (Umschlagvorderseite: Hummel) und eines Farbfotos von Flora Press/Peter Entwistle/FLPA
(Umschlagrückseite: Distelfalter).

Mit 139 Farbfotos.

Alle Angaben in diesem Buch sind sorgfältig geprüft und geben den neuesten Wissensstand bei der Veröffentlichung wieder. Da sich das Wissen aber laufend in rascher Folge weiterentwickelt und vergrößert, muss jeder Anwender prüfen, ob die Angaben nicht durch neuere Erkenntnisse überholt sind. Dazu muss er zum Beispiel Beipackzettel zu Dünge-, Pflanzenschutz- bzw. Pflanzenpflegemitteln lesen und genau befolgen sowie Gebrauchsanweisungen und Gesetze beachten. Die Blütenfarben sind sortenabhängig, daher können auch Farben auf dem Markt sein, die im Buch nicht genannt werden. Die Blütezeiten sind ebenfalls sortenabhängig, aber auch klima- und standortabhängig. Die angegebenen Wuchshöhen und -breiten der Pflanzen sind Mittelwerte. Sie können je nach Nährstoffgehalt des Bodens variieren. Verschiedene Sorten können deutlich größer oder auch kleiner wachsen als die Art.

Es wird empfohlen für die Online-Zusatzangebote WLAN zu verwenden. Das mobile Surfen ohne WLAN kann dazu führen, dass zusätzliche Kosten für die Datennutzung bei Ihrem Mobilfunkanbieter entstehen.

Unser gesamtes lieferbares Programm und viele
weitere Informationen zu unseren Büchern,
Spielen, Experimentierkästen, DVDs, Autoren und
Aktivitäten finden Sie unter **kosmos.de**

Gedruckt auf chlorfrei gebleichtem Papier

© 2013, Franckh-Kosmos Verlags-GmbH & Co. KG, Stuttgart.
Alle Rechte vorbehalten
ISBN 978-3-440-13456-6
Projektleitung: Carolin Küßner
Redaktion und Bildredaktion: Carolin Küßner
Gestaltungskonzept: Gramisci Editorialdesign, München
Gestaltung und Satz: DOPPELPUNKT, Stuttgart
Produktion: Eva Schmidt
Printed in Italy / Imprimé en Italie

FSC
www.fsc.org

MIX

Papier aus ver-
antwortungsvollen
Quellen

FSC® C023164